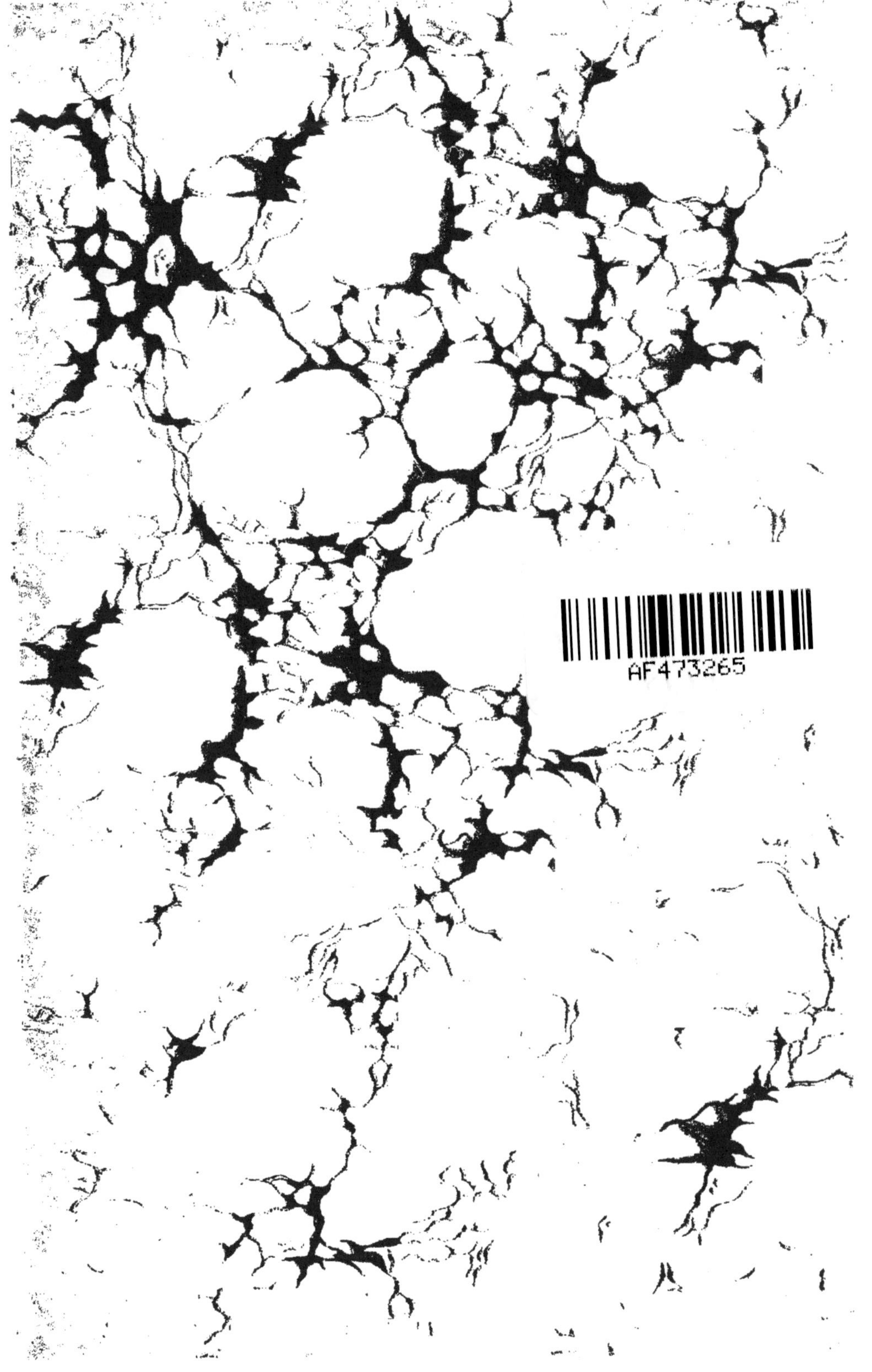

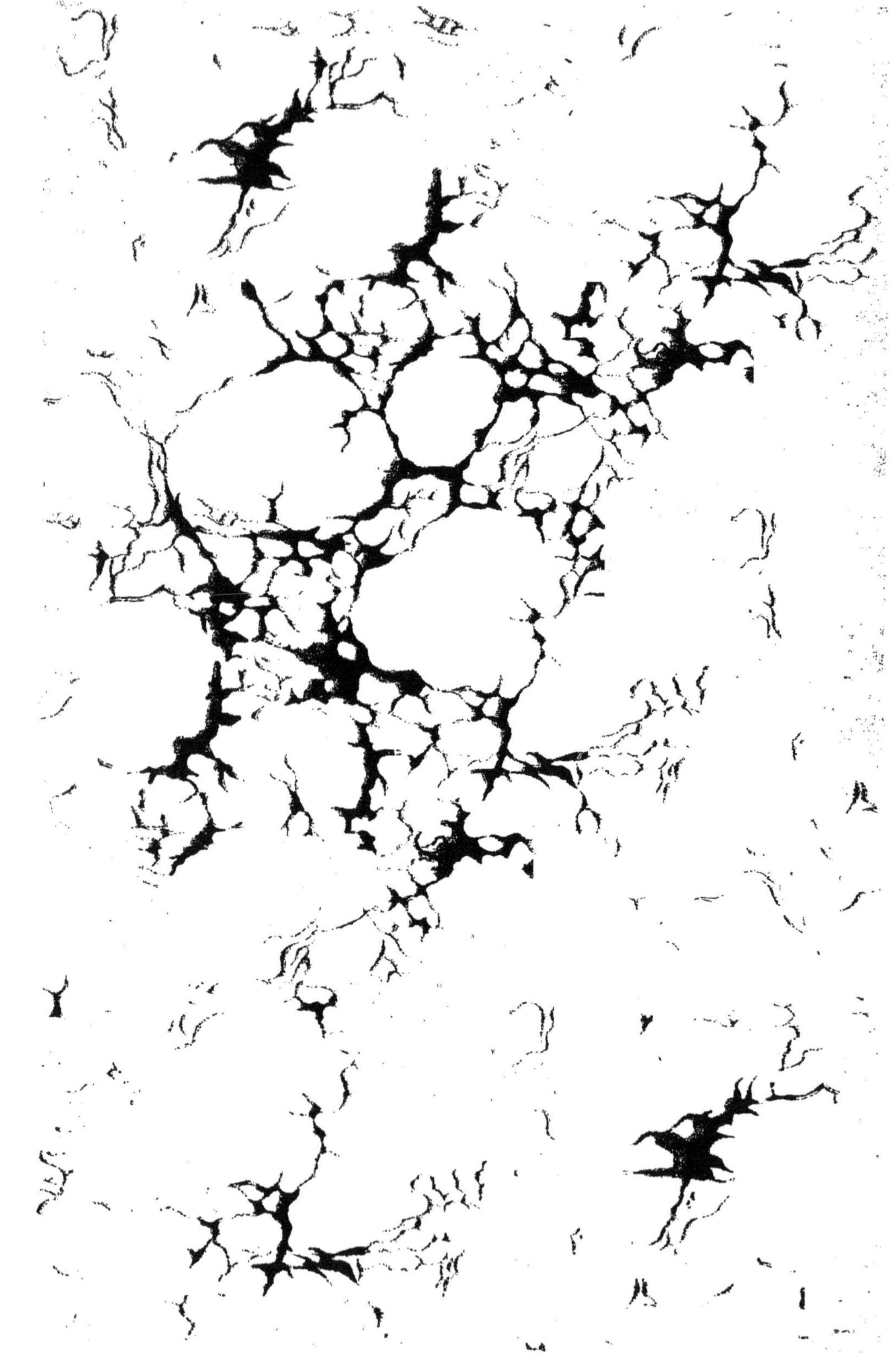

FIRMIN MAILLARD
AFFICHES
PROFESSIONS DE FOI — DOCUMENTS OFFICIELS
CLUBS & COMITÉS
PENDANT
LA COMMUNE
PARIS
E. DENTU, LIBRAIRE-ÉDITEUR
COMITÉ CENTRAL
RYCKEBUSCH

ÉLECTIONS DES 26 MARS ET 16 AVRIL 1871

AFFICHES

PROFESSIONS DE FOI — DOCUMENTS OFFICIELS

CLUBS ET COMITÉS

PENDANT LA COMMUNE

ORLÉANS, IMP. DE G. JACOB, CLOITRE SAINT-ÉTIENNE, 4.

ÉLECTIONS DES 26 MARS ET 16 AVRIL 1871

AFFICHES

PROFESSIONS DE FOI — DOCUMENTS OFFICIELS

CLUBS ET COMITÉS

PENDANT

LA COMMUNE

RECUEILLIS PAR

FIRMIN MAILLARD

PARIS
E. DENTU, LIBRAIRE-ÉDITEUR
PALAIS-ROYAL, 17 ET 19, GALERIE D'ORLÉANS

1871

LES ÉLECTIONS

PENDANT

LA COMMUNE

26 MARS — 16 AVRIL

Nous sommes au lendemain du 18 mars; Paris est là, étonné, surpris, devant ces inconnus qui viennent de ramasser le pouvoir abandonné. Leurs noms au bas des affiches blanches arrêtent les uns, indignent les autres, surprennent tout le monde; — ces inconnus cependant prennent toutes les mesures nécessaires pour réorganiser la cité.

Bien que les maires et les députés affirment — ce que nous croyons parfaitement — qu'ils ne se sont pas effacés un instant et que, *seuls, sans force armée, ils ont travaillé à rétablir l'ordre et la paix dans Paris,* l'opinion publique les accuse de s'être peu montrés et de n'avoir songé, dès le commencement, qu'à se dégager plus ou moins habilement d'une situation dont la redoutable responsabilité les épouvantait. Et vraiment, qui les blâmerait (ce n'est pas toutefois le gouvernement) de n'avoir pas fait ni tout ce qu'ils pouvaient, ni tout ce qu'ils devaient, en présence d'un mouvement qu'ils avaient laissé s'accomplir, qu'ils étaient incapables de diriger et, ô chose amère! dont ils sentaient si bien qu'ils ne bénéficieraient pas.

Cependant, une réunion provoquée par M. Tolain a lieu à la mairie du 2e arrondissement ; elle envoie une délégation à M. Ernest Picard, pour essayer de s'entendre avec lui ; mais celui-ci répond, en tournant ses pouces sur son ventre, qu'il ne peut rien faire sans l'assentiment de ses collègues, et le général d'Aurelle de Paladines, que la délégation est allée trouver en désespoir de cause, déclare qu'il ne peut rien, mais rien, et que le salut de la France n'appartient plus en ce moment qu'aux municipalités.

C'est alors qu'au milieu du désarroi le plus complet, sur la poussière que fait en fuyant à Versailles toute cette administration désorganisée, ces inconnus, allant au plus pressé, cherchent à régulariser une situation exceptionnelle. Ils s'efforcent d'éviter les complications terribles qui menacent à chaque instant de surgir et cherchent à conjurer des conflits sans cesse aplanis et se renouvelant sans cesse. Puis, animés d'un désintéressement qui n'était pas sincère et qui, pour cela, devrait aujourd'hui leur mériter plus d'indulgence de MM. Picard, Favre et Simon, ces inconnus ayant conscience d'avoir rempli leur mission, rapportent au peuple le mandat qu'ils en ont reçu. Ils le font d'une façon très-habile, et leurs proclamations, à tous ces malheureux dont les noms, — peut-être à juste titre pour certains, mais à coup sûr très-injustement pour d'autres, — vont, deux mois après, traîner flétris des épithètes d'assassins et d'incendiaires, et rouler au grand égout de l'histoire dans une promiscuité souvent inique, leurs proclamations font l'étonnement des bourgeois et des rares avocats oubliés à Paris par le gouvernement du 4 septembre, et qui sont stupéfaits de ne trouver aucun de ces noms inscrits sur leur tableau.

PLUS D'AVOCATS! avait crié le peuple aux dernières élections, et il se tenait parole. Une révolution sans avocats! C'était à n'y pas croire (1).

Ces inconnus, c'est-à-dire le COMITÉ CENTRAL DE LA GARDE NATIONALE, appellent les citoyens au vote : « A ce moment notre mandat est expiré, et nous vous le rapportons, car nous ne prétendons pas prendre la place de ceux que le souffle populaire vient de ren-

(1) On se rappelle la fameuse affiche PLUS D'AVOCATS! qui tapissait les murs de Paris aux élections de février pour l'Assemblée nationale.

verser. Préparez donc et faites de suite vos élections communales, et donnez-nous pour récompense la seule que nous ayons jamais espérée : celle de vous voir établir la véritable République [1]. »

Une autre proclamation [2], annonçant que l'état de siége est levé et que la sûreté des citoyens est assurée par le concours de la garde nationale, est placardée le même jour, et le Comité central fixe les élections au mercredi prochain, après avoir déclaré que le vote se fera au scrutin de liste et par arrondissement [3]. Un avis ultérieur indiquera le nombre des conseillers à élire par arrondissement.

Le *Comité central des vingt arrondissements,* afin que les élus puissent aller « le front haut et le cœur plein d'énergie » prendre possession de leur siége à l'Hôtel-de-Ville, invite le *Comité de la fédération républicaine de la garde nationale* à déterminer le *minimum* des suffrages sur lesquels ils pourront asseoir leur mandat; il pense que ce minimum doit être égal au moins au huitième des électeurs inscrits (le Comité répondit, mais un peu tard [4]) ; de plus, et sans prétendre s'ingérer dans l'administration publique, le Comité des vingt arrondissements croit devoir indiquer au Comité central qu'il serait bon de fixer à une année la durée des fonctions de membre de la Commune [5].

Les députés et les maires, « pénétrés de la nécessité absolue de sauver la République, » et peut-être bien aussi de faire tourner le mouvement à leur profit, — ce qui est tout naturel, — se réunissent le dimanche 20 mars à la mairie du 3e arrondissement, où ils sont rejoints par une quarantaine de chefs de bataillons. Ils envoient au Comité central, pour s'assurer de ses intentions, des délégués qui, après de longs pourparlers, ne reviennent qu'à neuf heures du soir, accompagnés des membres du Comité : alors s'engage une interminable discussion de quatre heures qui n'aboutit à rien; on voulait rédiger un manifeste commun, mais on se sépare sans avoir pu s'entendre, et le Comité central fait afficher que n'ayant pu établir avec les maires une entente parfaite, il se voit forcé de procéder aux élections sans leur concours. Les électeurs sont convoqués pour le jeudi 23 mars; le nombre de conseillers à élire est fixé à quatre-vingt-dix, soit un par vingt mille habitants et par fraction de plus de dix mille [6].

De leur côté, les maires annoncent au peuple qu'ils ont résolu de demander à l'Assemblée nationale l'adoption de deux mesures qui doivent, selon eux, ramener le calme dans les esprits : l'élection de tous les chefs de la garde nationale et l'élection d'un conseil municipal élu par les citoyens [7]. Réunis de nouveau, le lundi, à la mairie du 2e arrondissement, maires et adjoints font placarder que l'Assemblée a voté l'urgence du projet de loi relatif aux élections, et ils supplient la garde nationale d'attendre patiemment la décision que va prendre l'Assemblée nationale [8]. Une partie de la presse, ayant à sa tête M. Guéroult de l'*Opinion nationale* [9], invite les électeurs à ne pas voter, et l'*Officiel,* qui ne plaisante pas, prévient charitablement ses confrères que s'ils commettent encore de semblables attentats à la souveraineté du peuple, une répression sévère en sera la conséquence.

Pendant ce temps-là, l'Assemblée ou, mieux, M. E. Picard, s'écrie : « Est-il possible, dans une telle situation, de faire des élections sous la présidence des inconnus qui tiendraient les urnes? (C'est cela! Très-bien!) A ceux qui demandent pour Paris une autorité issue du suffrage universel, je demanderai : Comment reconnaît-on, à Paris, l'autorité de ceux que Paris a élus il y a si peu de temps? Ils lui demandent de renoncer à une insurrection criminelle; on ne les écoute pas. (Très-bien! très-bien!) Oui, sans doute, la situation réclame toute la sollicitude de l'Assemblée, et je ne conteste pas l'urgence. Mais pour qu'il puisse y avoir des élections, il faut qu'elles soient libres; alors, nous serons unanimes pour demander pour Paris, pour toute la France, des élections municipales. (Très-bien! très-bien!) Mais, en ce moment, nous n'avons qu'une chose à faire, fermer la plaie ouverte, et cela ne serait pas possible en acceptant une demande d'urgence qui signifierait qu'on peut, à titre de transaction, dans les circonstances actuelles, faire des élections à Paris. (Applaudissements.) »

Et là-dessus, Tirard, le conciliateur, voulant écarter tout soupçon, et surtout celui de connivence, déclare solennellement que les municipalités s'opposeront aux élections (Applaudissements); elles refuseront et les listes électorales (Nouveaux applaudissements), et les urnes et les locaux. (Triples salves d'applaudissements.)

Le lendemain, les représentants de la Seine prient la population, bien qu'ils ne doutent pas du sentiment douloureux dont elle doit être saisie [10], d'attendre patiemment que Paris soit appelé régulièrement à voter par l'Assemblée, et cela afin d'éviter les désastres qui naîtraient en ce moment de tout conflit entre les citoyens. Une seconde affiche [11] rédigée d'une façon plus brillante et plus colorée : « La patrie sanglante et mutilée est près d'expirer, et nous, ses enfants, nous lui portons le dernier coup, » et signée des députés et des maires, fait un nouvel appel aux citoyens; maires et représentants déclarent hautement qu'ils veulent *le maintien, l'affermissement de la grande institution de la garde nationale, dont l'existence est inséparable de celle de la République.*

Et NOUS L'AURONS.

Qu'ils veulent que Paris retrouve sa liberté municipale.

Et NOUS L'AURONS.

Mais, pour cela, ils invitent les électeurs à ne pas répondre à l'appel du Comité central, à ne pas voter; que pour eux, maires et représentants, ils ne prendront aucune part à ces élections, protestant d'avance contre leur légalité.

Certains commandants, MM. Quevauvilliers, Sebille, Poisson, Simon, Poyet, Noirot, Béchet, Collet, Thorel, pour donner plus de force à cette déclaration, font appel à la garde nationale, afin qu'elle se tienne prête à venir seconder « cette œuvre de conciliation dont le principe est accepté. »

Sur ce, grande émotion! Le club de l'École de médecine, de concert avec la réunion de la rue de la Maison-Dieu et celle de la rue d'Assas, vote un blâme aux députés de Paris qui désapprouvent les élections immédiates de la Commune; ces réunions regrettent aussi le silence des députés qui ont cru devoir s'abstenir [[12]]. La Délégation des vingt arrondissements se réunit en séance place de la Corderie; la présidence est donnée au citoyen Lefrançais; Dupont de Bussac et Dumont — Dumont, un des blessés du 22 janvier, *dont la blessure saigne toujours,* dit le *Cri du Peuple,* — sont les assesseurs. Là, dans cette séance, Malon, député démissionnaire et adjoint au 17e arrondissement, raconte les faits qui ont motivé cette décision des maires et des députés; il ne discute point sa part de responsabilité dans cet acte politique dont il ne cherche pas non plus à cacher le côté anormal et douloureux. Il parle de son voyage à travers la France, de ce qu'il a entendu à Bordeaux, de sa crainte de voir le Prussien abuser de l'état de démoralisation terrible où se trouve le pays; de ses angoisses en voyant la patrie menacée à nouveau et la République compromise.

« Puis il s'est tout à coup arrêté, et il a fondu en larmes. Ces larmes ont effacé sa signature sur ce document qui a épouvanté la démocratie. — Le *Cri du Peuple.* »

En somme, cette réunion des délégués des vingt arrondissements, votant sur la proposition du citoyen Régère, amendée par le citoyen Vallès, décide :

« Qu'elle accorde son plein concours au Comité fédéral de la garde nationale, siégeant à l'Hôtel-de-Ville;

« Qu'elle engage le Comité à persister dans la résolution de procéder le plus tôt possible aux élections de l'administration communale.

« Le Comité donne mandat à ses délégués de tout faire pour que le but soit poursuivi d'ensemble par le Comité central, la députation parisienne et les municipalités.

« Ont été nommés par l'assemblée les citoyens Lefrançais, Theisz, Ch. Beslay, Régère, P. Denis, Th. Ferré, Dumont, Camélinat, Gérardin et Vallès, — ce dernier qui n'accepte pas, voulant garder *entière et intacte sa liberté et ses droits de journaliste.* »

Le 22 mars, pendant qu'avait lieu la manifestation des *Amis de l'ordre* à la place Vendôme, on affichait une proclamation des maires et adjoints qui, vu l'urgence et en attendant la promulgation de la loi qui conférait à la garde nationale de Paris son plein droit d'élection, nommait provisoirement l'amiral Saisset commandant de la garde nationale, le colonel Langlois chef d'état-major, et Schœlcher commandant en chef de l'artillerie.

A cela, le Comité central répond froidement que devant la désertion des députés et des maires, « répudiant des engagements pris à l'heure où ils étaient candidats, » et devant la réaction qui, soulevée par eux, lui déclare la guerre, il est parfaitement résolu à accepter la lutte et à briser toute résistance; en conséquence, afin que les électeurs puissent voter dans le calme de la volonté et de la force, le Comité remet les élections au dimanche 26 mars; il ajoute qu'il prendra les mesures les plus énergiques pour faire respecter les droits du peuple [[13]]. Et, dans une autre proclamation, il s'écrie : « Conformément au droit républicain, vous vous convoquez vous-mêmes par l'organe de votre Comité, pour donner aux hommes que vous-mêmes aurez élus un mandat que vous-mêmes aurez défini. — Paris ne pousse personne dans les voies de la République ; il est content d'y entrer le premier [14]. »

Le Comité central des vingt arrondissements s'adresse aux citoyens, auxquels il déclare que l'ordre n'a jusqu'ici été troublé que par ceux qui se contentent d'écrire ce mot sur leur drapeau ; il les invite à voter et à donner au mouvement accompli le 18 mars la seule solution qui convienne, c'est-à-dire la constitution d'une représentation municipale ramenant dans Paris la sécurité que n'a pu lui procurer aucun des gouvernements autoritaires qui l'ont opprimé jusqu'ici. — Aux urnes ! aux urnes ! s'écrie le Comité, et que, le travail, l'ordre et la liberté étant assurés, le fusil soit aussitôt remplacé par l'outil [15].

Le *Conseil fédéral des sections parisiennes de l'association internationale des travailleurs* lance aussi son manifeste ; il s'adresse plus spécialement aux travailleurs : « Le principe d'autorité est désormais, dit-il, impuissant pour rétablir l'ordre dans la rue, pour faire renaître le travail dans l'atelier, et cette impuissance est sa négation ; l'insolidarité des intérêts a créé la ruine générale, engendré la guerre sociale : c'est à la liberté, à l'égalité, à la solidarité qu'il faut demander d'assurer l'ordre sur de nouvelles bases, de réorganiser le travail qui est sa condition première; » et il espère que le peuple de Paris tiendra à honneur de voter pour la Commune [16].

L'amiral Saisset ne reste pas inactif, et tout en naviguant de la Bourse au Grand-Hôtel, fait afficher que l'Assemblée nationale reconnaît enfin les FRANCHISES MUNICIPALES de Paris; qu'elle accorde l'élection de tous les officiers de la garde nationale, y compris le *général en chef;* que la loi sur les échéances sera modifiée, et qu'enfin elle élabore un projet de loi sur les loyers, favorable aux locataires qui paient au-dessous de **1,200** fr. [17]. Cette affiche laisse la population indifférente et donne au Comité central tous les petits boutiquiers qu'il pouvait ne pas avoir encore. Ah! nous sommes déjà bien loin du temps où on criait: Vive Saisset! et il n'y a que les maires et les députés qui puissent avoir pensé à lui pour en faire le commandant de la garde nationale de Paris. C'était un choix au moins singulier que celui de l'homme qui venait de dire en pleine Assemblée: « Oui, appelons la province, et marchons, s'il le faut, sur Paris. Il faut qu'on en finisse. »

Au milieu de ce désordre, les affiches des maires donnent lieu à des protestations particulières, et nous citerons les citoyens Malon [18], Melliet [19], Dereure [20], Millière [21], qui protestent contre l'apposition de leurs noms au bas de certaines affiches : « Je proteste avec énergie contre ceux qui ont l'impudence de mettre mon nom au bas de ces affiches que je réprouve et condamne, » s'écrie Dereure ; et Léo Melliet, qui les considère comme devant précipiter l'effervescence au lieu de l'apaiser, et amener des conflits, déclare que son devoir est d'éviter ce danger à tout prix ; quant à Malon, il ajoute à sa protestation une déclaration [22] par laquelle il annonce aux électeurs que dans un but de concorde et de conservation de notre chère République, il croit de son devoir de se rallier aux élections qui doivent avoir lieu le 26 mars, et pense que c'est là le seul moyen de rentrer dans l'ordre, sans qu'une goutte de sang français soit versée par des mains françaises. Le cordonnier Dereure fait aussi afficher une sorte de déclaration de principes dans laquelle il pense, comme Malon, que les élections rendront Paris à lui-même et rétabliront l'ordre dans la cité [23].

Quant au Comité central, il lance proclamations sur proclamations ; il rappelle que la tâche est ardue pour tous, mais que tout le monde a fait son devoir. Cependant, quelques bataillons, égarés par des chefs réactionnaires et encouragés dans leur résistance par des maires et des députés « oublieux de leurs mandats, » ont essayé de faire une opposition « incompréhensible » aux volontés de la garde nationale ; certains journaux aussi se sont plu à calomnier ses actes et à agiter le fantôme prussien.

On a vu que les Prussiens, nous jugeant à notre valeur, « ont reconnu notre droit. »

Nous avons laissé passer cet orage ; mais pour que l'on arrive au but sauveur, c'est-à-dire l'établissement définitif de la République par le contrôle permanent de la Commune, appuyé par cette seule force : la garde nationale élective dans tous les grades ; — pour arriver à cela, il faut que tout le monde aille au scrutin ; il faut qu'il n'y ait d'abstentionnistes que ceux qui caressent traîtreusement l'espoir de revenir à la monarchie et à tous les priviléges qui en sont le cortége [24].

Puis vient un autre appel plus pressant encore : ici, il donne des explications sur ce qui s'est passé, cherchant à rassurer les uns, à intimider les autres ; il raconte que c'était pour lui un devoir sacré (*l'insurrection est le plus saint des devoirs,* disent ironiquement les journaux réactionnaires) que de faire une révolution dans les circonstances actuelles, où le maintien de la République et le droit commun pour Paris, c'est-à-dire un conseil municipal, étaient deux choses indiscutables. Puis il se sert très-habilement des malheureuses paroles de Jules Favre (*séance du 21 mars*) et conclut : « Avant l'accomplissement de l'acte après lequel nous devons disparaître, nous avons voulu tenter cet appel à la raison et à la vérité [25]. »

Les deux délégués à l'intérieur, E. Vaillant et Ant. Arnaud, signent une proclamation qui se termine par ces mots : « Au vote donc, citoyens ; que chacun de vous comprenne la grandeur du devoir qui lui incombe, de l'acte qu'il va accomplir, et qu'il sache qu'en jetant dans l'urne son bulletin de vote, il fonde à jamais la liberté, la grandeur de Paris ; il conserve à la France la République, et fait pour la République ce que naguère il faisait si vaillamment devant l'ennemi : son devoir [26]. » On ne peut nier que la plupart de ces proclamations ne fussent très-habilement rédigées.

Le club de l'École de médecine, un des plus importants de Paris, réuni au Comité républicain et à l'Association républicaine du 6e arrondissement, invite le Comité central à bien s'assurer si la concession faite par l'Assemblée de Versailles, reconnaissant le Comité central et accordant pleins pouvoirs pour les élections, n'est pas un piége, et aussi s'il s'agit bien de la Commune politique et non simplement de la municipalité.

Ces citoyens demandent que les élections soient maintenues à dimanche, et le Comité central répond qu'il est *absolument* d'accord avec eux et leur affirme que les élections auront lieu dimanche, sans aucun compromis avec les maires ou députés [27].

Si le club de l'École de médecine est rassuré, Paris

ne l'est pas autant, car il se hérisse de barricades; il y en a partout; je n'y travaille pas, bien qu'invité d'une façon pressante par quelques fédérés qui fument leur pipe en riant des curieux auxquels il font apporter leur pavé à la barricade. (Le hasard fit que passant au même endroit, c'est-à-dire place de la Roquette, le dimanche 28 mai, des lignards qui montaient la garde m'obligèrent à ôter quelques pavés de cette même barricade — c'était injuste, mais les *raisons* qu'ils me donnèrent étaient trop convaincantes pour que je m'y refusasse; seulement, je constatai philosophiquement que ni les uns ni les autres ne m'avaient consulté sur mes convenances avant de me parler de ce petit travail.)

Le citoyen Ranc, qui pense que le moment est venu de tamponner (*tamponnons,* disait Ranc, *tamponnons*), fait afficher une proclamation par laquelle il adjure les maires d'appeler eux-mêmes Paris au scrutin qui seul peut mettre terme à une crise qui, autrement, serait sans issue [28]. Arthur Arnould est du même avis et invite les bons citoyens à aller au scrutin, afin de sortir au plus vite de la situation révolutionnaire créée par le 18 mars; alors Paris rentrera dans son état normal avec quelques libertés essentielles de plus, et « après avoir accompli un grand acte de légitime défense et sauvé la République [29]. »

Delescluze, Cournet et Razoua, dans une proclamation un peu longue, mais qui explique la situation d'une façon assez nette, font allusion aux bruits de restauration monarchique et ne voient — eux aussi — qu'un moyen d'éviter la guerre civile où les poussent les défenseurs du trône et de l'autel : c'est de voter, mais de voter pour des hommes irréprochables ; « car, pendant que la réaction a des trésors d'indulgence pour les plus grands misérables, voleurs publics, faussaires ou traîtres, du moment qu'ils servent à leurs passions, elle est merveilleusement habile à exploiter contre les républicains les calomnies les plus infâmes. » Ils concluent à ce que Paris vote comme un seul homme pour un conseil municipal républicain [30].

Les élections vont donc se faire bon gré, mal gré — malgré surtout les mitrailleuses que remue imprudemment et maladroitement Tirard le conciliateur.

Plus sage que lui, le Comité central déclare *qu'entraîné par son ardent désir de conciliation,* il avait ouvert à ses ennemis une main fraternelle ; mais, devant la continuité de certaines manœuvres, il maintient le vote pour le dimanche 26 mars ; il invite, du reste, ses adversaires à lui prouver qu'il s'est trompé en s'unissant à lui dans le vote commun de dimanche [31].

Enfin les maires, ne pouvant plus faire autrement, se décident à avouer à leurs administrés que toutes les tentatives qu'ils ont faites auprès de Versailles sont restées infructueuses [32] ; ils se lamentent sur leur situation, placés qu'ils sont entre la guerre civile pour leurs concitoyens et une grave responsabilité pour eux (mais qu'est-ce que cela nous fait à nous? — il est bon qu'il n'y ait pas toujours profit et gloire à remplir une fonction publique), et ils finissent en somme par ne voir plus qu'un moyen, celui de terminer le conflit par le vote et non par les armes. Là-dessus, ils font afficher une proclamation qui apprend aux habitants, ahuris au milieu de tous ces pourparlers, que maires, adjoints, députés [33] et membres du Comité central, convaincus que le seul moyen d'éviter la guerre civile et de sauver la République est de voter, les électeurs sont invités à se rendre au scrutin le dimanche 26 mars. Tous signent, dans une confraternité touchante, cette mémorable affiche [34].

Un malin, M. Loiseau, fait même publier un petit avis par lequel il prévient les électeurs que les fonctions de maires et d'adjoints ne sont pas incompatibles avec celles de conseillers municipaux [35], et M. Louis Blanc lit à la Chambre une déclaration signée Quinet, Peyrat, Brisson, Langlois, Greppo, Adam, Martin Bernard, Brunet, Millière, Tirard, par laquelle ces Messieurs conjurent les membres de l'Assemblée de reconnaître qu'en prenant *en toute connaissance de cause le parti que leur imposait la plus alarmante des situations,* en appelant les citoyens de Paris à prendre part aux élections d'un conseil municipal, les maires et députés signataires de la précédente proclamation ont agi en bons citoyens.

Cette proposition est renvoyée à la commission d'initiative, et ces Messieurs en sont pour leurs frais.

Les murs se couvrent d'affiches ayant toutes trait aux élections; celles du Comité règlent le mode du vote dans tous les arrondissements [36]; d'autres viennent de quelques petits groupes isolés et ne sont réellement que des professions de foi posant incidemment la candidature de leur auteur; — toutes invitent chaudement le peuple à aller voter.

Les frères Reclus, après avoir parlé des *incidents désagréables* qui ont surgi entre les républicains qui suivent le Comité et ceux qui suivent les maires, cherchent à se tenir prudemment entre ledit Comité et les maires et les députés, qui, selon eux, n'ont pas le droit de risquer dans les hasards d'une bataille des rues l'existence d'une République qu'ils compromettent déjà par leur maladresse; ils font appel au suffrage universel, pensant que ce n'est ni aux fusils ni aux canons à se prononcer [37].

Ranvier, maire du 20e arrondissement, et son adjoint Flourens, appellent les citoyens au vote, et ne leur cachent pas qu'ils les verraient avec plaisir nommer les membres du Comité central. Un de leurs arguments m'a touché : « Citoyens, les hommes que vous avez chargés de défendre provisoirement vos intérêts, et qui siégent en ce moment à l'Hôtel-de-Ville, vivent de leurs trente sous de gardes nationaux, eux et leurs familles. — C'est la première fois qu'un tel exemple de désintéressement se produit dans l'histoire. — Faites en sorte de nommer des hommes aussi dévoués, aussi honnêtes, et vous aurez sauvé la France [38]. »

De son côté, le maire provisoire du 5e arrondissement, Régère, et ses deux adjoints, Aconin et Murat, font à peu près le même appel : « Électeurs du 5e arrondissement, vous prouverez par votre vote que vous vous associez à cette force immense, récemment révélée, qui résulte de l'union, de la fédération de la garde nationale; — que vous ne blâmez pas ces jeunes citoyens dont l'énergie, le talent, la probité, l'audace heureuse ont subitement transformé une situation et vaincu la vieille politique [39]. »

Quant au Comité central, il se retire dignement et surtout habilement; il donne en partant son adresse. Sous couleur de conseils au peuple, il l'engage à ne prendre que des hommes vivant de sa vie, souffrant de ses maux, lui dit de se méfier des parvenus, des ambitieux et des bavards (PLUS D'AVOCATS ! PLUS D'AVOCATS !), d'éviter ceux que la fortune a trop favorisés, « car trop rarement celui qui possède la fortune est disposé à regarder le travailleur comme un frère, » et enfin, et surtout, de porter ses suffrages sur ceux qui ne les brigueront pas [40].

Les comités électoraux ne sont pas inactifs ; il y en a partout, rue de la Procession, rue des Terres-Fortes, place de la Corderie, rue Maison-Dieu... Une page ne suffirait pas à cette énumération. Celui du 18e arrondissement, qui a sept conseillers à élire, lance une proclamation dans laquelle il déclare qu'en présence des dernières manœuvres de la réaction aux abois, « de ses cris d'agonie de bête fauve blessée à mort, » on doit répondre par un cri unanime : AU SCRUTIN ! Des candidats absolument honorables, ajoute-t-il, suffiront d'ailleurs à nous venger des ridicules calomnies déversées contre nous [41]. Chaque club, chaque réunion a sa liste ; j'ai sous les yeux celle du club de l'École de médecine [42]... Mais je remarque que la plupart fusionnent leur liste avec celle du Comité central des vingt arrondissements.

C'est lui qui a la haute main dans les élections ; il dirige et il patronne ; il lance un manifeste, pièce fort importante et qui est une sorte de programme, de mandat qu'il donne et qu'il demande aux citoyens de donner aux futurs élus [43]. Si ce mandat est rempli avec intelligence et fidélité, Paris sera devenu la cité la plus libre et la plus heureuse de toutes les villes, et ne sera pas seulement la capitale de la France, mais la capitale du monde, et il propose une liste

3

dont presque tous les candidats devinrent, à ces élections ou aux élections complémentaires, membres de la Commune. Plus tard, au journal le *Rappel*, qui demandait ce que c'était que ce fameux Comité, il répondra : « Ce Comité existe depuis le 5 septembre 1870 ; c'est lui qui a fait le 31 octobre, l'*affiche rouge*, le 22 janvier, en envoyant chaque fois ses membres peupler les prisons. Les membres du Comité central de l'Hôtel-de-Ville, ceux de la Commune de Paris en ont presque tous fait partie. » Il ajoutera que, sans se préoccuper de ses vues particulières, il est décidé à soutenir *énergiquement* la Commune, et, s'il est nécessaire, à lui servir de bouclier contre ses adversaires et même contre ses *nouveaux amis*, en cas de besoin.

Le trait final s'adressait au *Rappel*.

Parmi les signatures qui sont au bas de ce document, nous remarquons celles des citoyens Lacord, Armand Lévy, Gaillard père, Briosne, Napias-Piquet, Piazza, etc.

*Les sections de l'*ASSOCIATION INTERNATIONALE DES TRAVAILLEURS *du Panthéon et du 13e arrondissement réunies* approuvent hautement ce manifeste, et invitent énergiquement les électeurs à voter [44]. Allez voter — dit l'*Union républicaine centrale* à ses concitoyens — c'est le salut de la République [45] !

De leur côté, quelques particuliers cherchent à attirer sur eux l'attention au point de vue des élections; ainsi le citoyen Tridon, malade et vexé d'être dans son lit, réduit à contempler la lutte où va se décider le sort de la République et de la France, se sent assailli, dans son anxieuse impuissance, des craintes les plus grandes, et il les communique aux journaux sous forme de lettres [46]. Lefrançais donne bruyamment sa démission d'adjoint à la mairie du 20e arrondissement, démission que, par respect pour ses électeurs, il n'eût jamais consenti à donner à M. Picard [47]. Le citoyen Lacaille, capitaine au 70e bataillon, 1er de marche, profitant d'une protestation au sujet de sa signature « enlevée par abus de confiance » et apposée au bas des affiches de la mairie du 1er arrondissement, s'adresse aux gardes nationaux, et, sans leur dire net : Prenez-moi, il les engage à aller voter et à se rallier au Comité central; il termine par ces mots : « A bas les armées réactionnaires ! Vive la République ! vive la Commune [48] ! »

Félix Pyat lance aussi son manifeste; il trouve que la révolution du 18 mars a un caractère tout spécial qui la distingue des autres; c'est d'être « toute populaire, toute collective, *communale*..... une révolution en commandite, anonyme, unanime et, pour la première fois, sans gérants. » Il engage les citoyens à voter : Allez-y ! mieux vaut voter que tuer ! Aujourd'hui le vote ! Sinon, demain le fusil ! Et quand l'outil [49]? Vermorel, dont le quatrième numéro de son journal l'*Ordre* posait incidemment la candidature, semble se résumer dans un article remarquable que je ne puis prendre que pour une profession de foi [50].

La rédaction de la *Nouvelle République,* dans un placard imprimé en caractères énormes en tête de son numéro du 24 mars, appelle aussi les citoyens au scrutin; elle termine en criant : VIVE L'ORDRE ! VIVE PARIS LIBRE DANS L'ÉTAT LIBRE ! Ce placard est signé A. Breuillé, G. Caulet, Ch. et G. Dacosta, Simon Dereure, A. Grandier, P. Grousset, etc. [51].

Quelques journaux publient des listes; la plupart, cependant, s'abstiennent, pensant que l'opinion républicaine est suffisamment éclairée sur les candidatures démocratiques, et ils ont raison, la multiplicité des listes ne pouvant amener que de regrettables confusions. Le *Père Duchêne* publie une *grande liste* de candidats où se trouve répété en tête de chaque arrondissement le nom de Blanqui [52], et il veut qu'on vote : « Ah ! foutre, il veut y voir tous ses amis ; quiconque ne sera pas fidèle à son rendez-vous sera pour lui un mauvais bougre et devra, aux yeux des vrais patriotes, être déclaré suspect à la révolution. » A sa liste, il joint une *grande proclamation aux bons bougres de patriotes, sur la position de la question politique en vue d'éviter l'effusion du sang,* et une *apostrophe aux citoyens peu soucieux des intérêts de la*

République, qui s'abstiendraient de se rendre au vote. Et le *Père Duchêne* recommande tout particulièrement aux électeurs le citoyen Protot, le seul patriote qu'il y ait dans toute la satanée séquelle des bonnets carrés : « C'est en même temps un patriote éprouvé, un sans-culotte pur sang, un socialiste parfait et, ce qui ne gâte rien, un bougre solide au poste, malin comme un paysan, vaillant comme un soldat et capable de faire rentrer, rien qu'en se montrant, toutes les taupes de la réaction dans leurs trous. Six pieds de haut et une poigne de forgeron, au physique comme au moral. »

Le journal de Pilotell, la *Caricature,* publie aussi sa liste [53] ; mais ni celle-ci, ni celle du *Père Duchêne,* ne diffère sensiblement de celle du Comité central des vingt arrondissements dont le succès paraît assuré.

Certains citoyens refusent la candidature qui leur est offerte ; il en est jusqu'à trois. Le citoyen Viard, délégué du Comité central, se désiste de sa candidature dans diverses réunions publiques, comme l'indique une petite note publiée par le *Cri du Peuple* du 28 mars et l'*Officiel* du 29 [54]. Le *Cri du Peuple* la fait suivre de cette réflexion : « Nous le regrettons sincèrement... Nous savons qu'il eût apporté dans l'accomplissement de son mandat toute la franche audace, toute la virilité républicaine d'un homme qui a l'audace et la foi. Il n'accepte pas le poste d'honneur; nous sommes sûrs de le retrouver au combat. » — Le citoyen Henriot, du 15e arrondissement, trouvant qu'il existe une trop grande différence entre ses opinions politiques et celles des citoyens portés sur la liste de sa municipalité, déclare que c'est à son insu que MM. les adjoints ont accolé leurs noms au sien et qu'il n'accepte pas une candidature portée dans de semblables conditions [55]. — Le citoyen Édouard Moreau, du Comité central, refuse aussi toute candidature : « J'ai reçu un mandat limité; je l'ai rempli, et je le dépose au jour dit, afin de prouver que je sais tenir ma parole. Je ne suis pas assez connu dans la démocratie pour n'avoir pas besoin de donner un gage de bonne foi avant d'accepter une nouvelle mission [56]. »

Pendant ce temps-là, quelques communes des environs de Paris procèdent à leurs élections municipales, et la commune de Saint-Ouen, entre autres, prévient ses habitants d'avoir à se mettre en garde contre les menées malveillantes ou réactionnaires qui ne manqueront pas d'être faites pour les induire en erreur, et elle les engage à voter pour des citoyens dont la moralité et le passé soient sans reproche [57].

Enfin le 26 mars arrive; il fait un temps superbe. « Quelle journée! s'écrie Vallès; ce soleil tiède et clair qui dore la gueule des canons, cette odeur de bouquets, le frisson du drapeau! le murmure de cette révolution qui passe tranquille et belle comme une rivière bleue, ces tressaillements, ces lueurs, ces fanfares de cuivre, ces reflets de bronze, ces flambées d'espoir, ce parfum d'honneur; il y a là de quoi griser d'orgueil et de joie l'armée victorieuse des républicains. » En somme, le vote a lieu avec calme, et si la journée se passe bien, ce n'est assurément pas la faute d'un sieur de Beaufond, colonel et agent du gouvernement de Versailles, qui fait afficher pour ce jour-là un appel aux chefs de bataillons de la garde nationale [58]. Les 1er, 7e, 8e, 12e et 16e arrondissements sont ceux où il y a le moins d'empressement, et toute la journée la population promène au milieu des barricades un air étonné ; la situation semble plus la surprendre que l'effrayer ou la réjouir.

La commission chargée de l'examen des élections déclare qu'il y a incompatibilité entre le mandat de député à l'Assemblée de Versailles et celui de membre de la Commune, et cela pour d'assez bonnes raisons, celle-ci entre autres, qu'il y a impossibilité matérielle à suivre les travaux des deux Assemblées ; cette commission pense que les étrangers peuvent être admis à la Commune, dont le drapeau est celui de la République universelle (cette déclaration a lieu à propos de l'élection de Frankel) ; et en raison des grandes irrégularités qui se trouvent sur les listes électorales de 1871, irrégularités qui viennent de plusieurs causes : *le plébiscite impérial, — celui du 3 novembre, — les décès pendant le siége, — le nombre considérable des réfugiés, — le chiffre de ceux qui ont quitté Paris, etc.*, elle propose de valider toutes les élections qui ont obtenu le huitième des voix, ainsi que les six élections qui resteraient en suspens, en s'en rapportant pour celles-ci à « la majorité relative des citoyens qui ont rempli leur devoir étroit en allant au scrutin [59]. »

La Commune adopte la conclusion du rapport ; on proclame solennellement au son du canon le nom des élus. J'emprunte au *Monde illustré* quelques lignes qui donnent à cette journée sa véritable physionomie : « Une immense estrade a été élevée devant la porte centrale de l'Hôtel-de-Ville. Des draperies rouges et des faisceaux de drapeaux rouges décoraient cette tribune, sur laquelle avaient pris place les quatre-vingts nouveaux élus, les uns en frac noir et en cravate blanche, les autres en costume d'officiers de la garde nationale et le sabre au côté.

« Tous les bataillons fédéralistes avaient été invités à venir saluer de leurs vivats et de leurs acclamations l'avénement de la Commune.

« Le nombre qui arriva sur la place de l'Hôtel-de-Ville fut considérable. Clairons chantant leurs fanfares et tambours battant leurs marches marchaient en tête. Chaque bataillon envoyait immédiatement sa députation et son porte-drapeau, qui se rangeaient au pied de l'estrade municipale.

« Lorsque le défilé fut exécuté, la place de Grève se trouvait couverte de gardes nationaux qui, à la proclamation du nom de leur élu, éclataient en cris de : Vive la République! vive la Commune! agitant leurs képis au bout de leurs baïonnettes.

« Le spectacle était vraiment grandiose et bien fait pour frapper les imaginations. »

Et Vallès, fou de joie, s'écriait : « Quoi qu'il arrive, et dussions-nous être de nouveau vaincus et mourir demain, notre génération est consolée; nous sommes payés de vingt ans de défaites et d'angoisses! »

Quelques citoyens remercient oui, comme le citoyen H. Mortier qui fait après coup sa profession de foi [60]; M. Cléray, dont le nom a paru à tort à l'*Officiel,* réclame contre cette erreur qui, peut-être, lui paraissait cruelle ce jour-là, mais qui doit lui sembler douce aujourd'hui [61]; d'autres remercient non, et MM. Desmarest, Ferry et Nast, se trouvant trop isolés au milieu des membres du Comité central, se retirent, ne pouvant accepter des fonctions « dont les termes ne sont pas encore définis, ni l'indépendance assurée [62]. » Immédiatement après, MM. Rochart, Barré, Brelay, Loiseau, Tirard, Chéron, Leroy, Robinet, Fruneau, Marmottan, de Bouteiller, Murat, donnent leur démission. D'un autre côté, par suite d'options des citoyens Arnaud, Varlin, Delescluze, Theisz et Blanqui, des élections complémentaires deviennent nécessaires, et la Commune de Paris convoque les électeurs pour le 5 avril [63].

Mais les *Versaillais* ONT ATTAQUÉ : « Malgré la modération de notre attitude, ILS ONT ATTAQUÉ ! Ce matin, les chouans de Charette, les Vendéens de Cathelineau, les Bretons de Trochu, flanqués des gendarmes de Valentin, ont couvert de mitraille et d'obus le village inoffensif de Neuilly, et engagé la guerre civile avec nos gardes nationaux. — *La Commission exécutive.* »

Une petite affiche de la Commune ajourne les élections en raison des opérations militaires engagées [64]. Mais la Délégation des vingt arrondissements, qui vient déjà de réclamer la publicité des débats du pouvoir communal, déclarant « que beaucoup de citoyens refuseraient la candidature aux élections complémentaires, si la publicité n'assurait pas leur responsabilité [65], » invite en outre la Commune à doubler le nombre de ses membres (il faut bien qu'il y en ait pour tout le monde), et à procéder *immédiatement* à des élections supplémentaires, en même temps qu'aux élections complémentaires ; cette délégation s'appuie sur ce que la Commune de 1792 était composée de 240 membres, et pour une population bien inférieure à celle d'aujourd'hui; sur ce que la direction des municipalités de leur arrondissement augmente singulièrement les attributions des membres de la Commune; sur ce que, dans les circonstances actuelles, en raison d'événements inattendus, la Commune peut avoir ses membres disséminés, et qu'elle ne serait plus en nombre pour voter [65].

De temps en temps, en effet, arrive une démission : MM. Ranc et Parent ouvrent la marche, le premier parce qu'il n'est pas d'accord sur plusieurs points au sujet de la direction imprimée au mouvement communal; il redevient « simple soldat de Paris, de la Commune et de la République. » Quant à M. Parent, il ne peut plus s'associer à une action politique et militaire pour laquelle un contrôle suffisant lui fait défaut [66].

Il se fonde de tous côtés des ligues, des comités de conciliation, mais, pour la plupart, sans aucune valeur politique, composés qu'ils sont presque tous de gens très-prudents et surtout très-malins qui ne songent qu'à manger les marrons tirés du feu par le Comité central. Toutes ces réunions proposent à la Commune de se démettre en masse et de procéder à de nouvelles élections; leur mot d'ordre est celui-ci : Si nous recommencions? C'est là tout ce qu'elles ont trouvé; aussi, ne doit-on pas s'étonner que ces ligues, sans attitude nette et franche, n'apportant aux deux parties aucune solution, aucune sanction, mais simplement des conditions inacceptables, se compromettant perpétuellement en des démarches équivoques, aient vu leur intervention toujours frappée de stérilité.

Les unes disent à la Commune de se renfermer strictement dans l'édification des franchises municipales, et de s'engager à déposer son mandat aussitôt qu'une loi équitable appellera tous les citoyens à des *élections libres et discutées*. Ce groupe de *républicains* tente d'organiser une petite manifestation, et son affiche, considérée comme un appel à l'insurrection, est déchirée et les afficheurs arrêtés [67].

D'autres, plus sincères, cherchent à établir la conciliation sur des bases vraiment républicaines; ils soutiennent la Commune, manifestent ouvertement le désir d'en tâter, mais dans des conditions plus douces : « Il faut qu'on sache que derrière le parti qui a pris l'initiative, d'autres groupes existent, prêts à l'appuyer, prêts, au besoin, A ALTERNER AVEC LUI [68]. » D'autres encore, comme les membres de la *Ligue d'union républicaine des droits de Paris*, en héritiers pressés de jouir, affirment aussi « qu'il faut, pour assurer la libre expression du suffrage universel, procéder à des réélections générales de la Commune de Paris [69]; » — et tout cela sans grands moyens pratiques pour faire mettre bas les armes aux combattants.

Malgré certains de ses membres, Vallès entre autres, qui s'élève avec force contre les élections complémentaires : « On ne vote pas pendant la bataille! La Commune doit se retirer tout entière ou rester sur la brèche, telle que l'ont laissée les hasards de la lutte, mutilée par les démissions ou décimée par l'assassinat. — C'est son honneur, son rôle et son devoir, » la Commune invite les citoyens à voter, le 10 avril, pour les élections complémentaires [[70]], et, le lendemain, considérant qu'on ne peut vraiment pas convoquer au scrutin des gens qui se battent sur les remparts, ajourne les élections [[71]].

Grande colère du *Père Duchêne,* qui déclare que c'est plus qu'un crime, une faute. La Délégation des vingt arrondissements est du même avis et croit qu'il serait très-possible aux gardes nationaux « de voter dans des urnes improvisées, » et elle attaque carrément la Commune : « On vous accuse de vouloir accaparer le pouvoir. Le mot de dictature a déjà été prononcé. Dès que l'opinion publique ne sera plus avec vous, l'opinion publique se retournera contre vous. Faites attention! » Et cette bonne Délégation, qui prenait au sérieux la déclaration patriotique d'une partie de la bourgeoisie de Paris, prête à se lever si Versailles s'obstine à ne pas reconnaître les droits de la première cité du monde [[72]] : (*si le gouvernement de Versailles restait sourd à ces reven-*

dications légitimes, qu'il le sache bien, PARIS TOUT ENTIER SE LÈVERAIT POUR LES DÉFENDRE. — LIGUE D'UNION RÉPUBLICAINE DES DROITS DE PARIS), et qui ne voulait pas que cette déclaration vaillante, mais évidemment irréfléchie, restât à l'état de lettre morte, veut qu'on double les membres de la Commune et que l'on procède immédiatement aux élections [[73]].

Enfin, pressée de toutes parts, la Commune de Paris, assurée par Cluseret que les citoyens qui étaient aux avant-postes pourraient facilement voter, met définitivement les élections complémentaires au dimanche 16 avril [[74 75]], mais ne se prononce pas sur le vœu émis par la Délégation communale du 1er arrondissement, c'est-à-dire que le vote nominal à bulletins ouverts soit seul autorisé, « parce qu'il ne peut y avoir de vraie démocratie et d'élections libres que là où les électeurs acceptent la responsabilité de leurs actes [[76]]. »

L'*Alliance républicaine* lance une proclamation dans laquelle elle déclare qu'en présence de cette population debout, les armes à la main, combattant héroïquement pour la revendication de ses libertés, il n'est permis à personne de déserter ses devoirs de citoyen; qu'en outre, les nouveaux élus doivent savoir que, quelque lourdes que soient la tâche et la responsabilité, les citoyens ne leur permettront ni les *défaillances* ni les *désertions* dont *certains* ont donné l'exemple [[77]].

Rochefort n'accepte pas la candidature qui lui est offerte : « Je serais, je n'ai pas besoin de le dire, extrêmement honoré de faire partie de la Commune de Paris... Je puis, à la rigueur, écrire; mais il m'est impossible et surtout défendu de parler et de veiller. Mes forces me trahiraient bientôt, et cela sans profit pour personne [78]. » Le docteur Robinet déclare aussi que le mauvais état de sa santé lui empêche plus que jamais de rechercher ou d'accepter aucune fonction publique [79]. Dupont de Bussac répond dignement à une offre de candidature : « Il ne saurait me convenir d'entrer dans des affaires déjà engagées sans discussion de ma part [80]. » Et Laurent Pichat décline toute candidature aux élections municipales.

Mais, pour quatre qui n'en veulent pas, combien désirent mordre au gâteau, tout brûlant qu'il soit ! Les groupes s'organisent au 1er arrondissement; la Délégation communale veut former un Conseil consultatif devant seconder les membres de la Commune et se tenir en communication constante avec la population [81]. Un groupe de républicains faisant de la *conciliation par l'action* propose des citoyens de nuances diverses : MM. Floquet et Johannard, Clémenceau et Sérailler, espérant qu'ils maintiendront la révolution du 18 mars dans sa vraie voie, qui est : l'autonomie de Paris et l'établissement définitif de la République nationale par la fédération des communes librement formées [82]. Rochefort, que le nom seul de Millière exaspère, bondit en voyant sur la liste de ce comité cette mention : Millière, député démissionnaire, et il s'écrie : « Mais il y a là une erreur matérielle. La déclaration que M. Millière a publiée dans plusieurs journaux n'implique nullement qu'il soit démissionnaire... »

Cela ressemble un peu à une querelle de Prussien ; cette déclaration [83] n'implique pas, en effet, la démission de Millière; cependant personne ne s'y est trompé, et tout le monde a regardé Millière comme démissionnaire — Millière lui-même, n'en déplaise à Rochefort.

La ligue de l'*Équilibre européen* lance aussi son manifeste électoral : « Il faut, dit-elle, empêcher l'énergie de la Commune née de la lutte, constituée par le combat, de dégénérer en violence ; » elle refait son programme et le propose une fois de plus aux électeurs [84].

Le *Comité central d'artillerie* se présente modestement au peuple, en lui disant : « Pour que l'artillerie ne soit et ne devienne une force aveugle, et ne tombe entre les mains des intrigants, tu enverras à la Commune un ou plusieurs des membres de son comité central [85]. » Et si vous lui demandez, à ce comité, ce qu'il est, il vous répondra qu'*émanant du suffrage universel, il est une institution démocratique dans sa plus large expression;* mais si vous vous adressez à Férat, du Comité central, la réponse sera plus amusante : « Il y a même un détail assez curieux ; nous étions établis à l'Hôtel-de-Ville depuis le 19 mars au matin, quand, dans l'après-midi, on vint nous dire que dans le même Hôtel-de-Ville il y avait un autre Comité central qui siégeait en permanence *(Rires).* Je fus délégué pour aller à la recherche de ce comité concurrent, et dans une salle de l'Hôtel-de-Ville, je finis par découvrir un Comité central d'artillerie qui n'avait été nommé par personne.

« Lullier, *vivement.* — Je vous demande pardon, il avait été nommé par moi *(Hilarité).* » (3e *conseil de guerre de Versailles. Audience du* 18 *août.*)

Puis ce sont les membres de la *Commission provisoire déléguée à l'administration du* 16e *arrondissement,* c'est-à-dire les citoyens Napias-Piquet, Pigault, Clerjaud, etc., qui racontent ce qu'ils ont fait pour l'arrondissement dont le service communal avait été désorganisé par la fuite de deux commandants de la garde nationale et la démission de deux membres de la Commune; en attendant que le peuple les relève dans de prochaines élections, ils promettent de remplir leurs fonctions de délégués sans *s'arrêter devant aucun obstacle réactionnaire* [86]. Le Comité central des vingt arrondissements lance sa liste [87]; c'est encore celle qui triomphera en grande partie. En attendant, le *Comité de vigilance* du 12e arrondissement proteste contre les candidatures des citoyens Brandely et Barthélemy, « non tant à cause de leurs personnes, fort honorables du reste, mais parce que ces candidatures, produites complètement en dehors d'eux, ne sont pas, comme cela a pu le paraître au Comité central, l'expression de leurs vœux [[88]] ; et ce Comité propose Chalvet, ouvrier, et Fontaine, architecte, membre de l'Internationale. Plus tard, dans une note publiée par l'*Affranchi*, le nom de Chalvet fut remplacé par celui de Garand, mécanicien [[89]]. Dans le même arrondissement, la *Fédération républicaine* porte comme candidats le maire provisoire, Philippe, et Lonclas, le chef de la 12e légion [[90]].

Le Comité électoral du 18e arrondissement présente A. Régnard et Josselin [[91]], et le Comité républicain de vigilance A. Régnard et Jaclard [[92]], pendant qu'un groupe de républicains adopte la candidature de Razoua. Quant à Cluseret, je lui ai entendu poser sa candidature à l'Élysée-Montmartre, où les électeurs avaient été convoqués par une affiche que signèrent le *Comité de la 18e légion*, le *Comité d'initiative de La Chapelle* et *un groupe de citoyens du 18e arrondissement* [[93]].

Le Comité de vigilance du 19e arrondissement, qui siége salle de la *Marseillaise*, « considérant les services rendus à la patrie et à la démocratie universelle » par Menotti Garibaldi, l'adopte pour candidat [94], pendant que la réunion des délégués de la garde nationale vote la candidature du citoyen Passedouet. Au 20e arrondissement, le Comité de vigilance présente P. Mallet; au 3e arrondissement, c'est un groupe de républicains qui met en avant la candidature du citoyen Albert May, *lauréat des cours de chimie, physique et droit commercial de Rouen;* le Comité radical de 6e arrondissement présente Courbet et Rogeard, et le Comité électoral des 6e et 7e arrondissements adopte, pour le 7e arrondissement, la candidature de Sicard.

Le Comité électoral du 1er arrondissement, joint aux gardes nationaux fédérés dudit arrondissement, porte les citoyens Grandjean le commandant du 196e, le docteur Pillot, le publiciste Vésinier et le comptable Michel Joly [95]; la candidature de Rossel y est aussi appuyée par d'autres groupes. Dans le 9e arrondissement, le Comité de vigilance avait d'abord arrêté la liste suivante : Briosne, Combault (de l'Internationale), Gromier, Pontalier (de l'Internationale [96]); plus tard, un groupe de républicains, parmi lesquels je vois Brunereau, Gromier, présente cette liste : Millière, Briosne, Vauthier, Chassin et Picchio [97]; en somme, le Comité de vigilance patrona les candidats appuyés par le Comité des vingt arrondissements, c'est-à-dire la liste qu'il avait présentée, à l'exception de Gromier qui fut remplacé par Chassin [98].

« Connu depuis longtemps dans tous les clubs de Paris par ses opinions socialistes — et par son active coopération à la révolution du 18 mars, » le citoyen Édouard Roullier est présenté dans le 13e arrondissement par divers groupes républicains, et soutenu par le journal la *Sociale* [99].

Naturellement, la liste du Comité central des vingt arrondissements est la bonne [100]; quelques journaux publient aussi des listes. Ainsi, le *Bonnet rouge* présente Rossel au lieu d'Andrieux, Landeck à la place de Chatelain; L. Rabuel et Fontaine lui semblent préférables aux citoyens Renaux et Barthélemy, et nous ne saurions lui en vouloir beaucoup de présenter aux élections, aux lieu et place du citoyen Dupas, le citoyen Secondigné, son rédacteur en chef. La liste de la *Sociale* diffère sensiblement de celle du Comité central des vingt arrondissements, et le *Père Duchêne*, qui venait d'avoir une *grande colère contre les citoyens membres de la Commune qui n'ont pas fait les élections et qui ont l'air de caner, foutre!* publie aussi sa liste, dans laquelle il ne se sépare de celle du Comité que pour lancer la candidature de MM. Dupont de Bussac, A. Pierre, Durassier, Levraud et Considérant.

Malheureusement, la plupart des professions de foi sont faites dans les clubs, dans les comités... autant en emporte le vent. En voici cependant quelques-unes sauvées du naufrage, celle du capitaine Pierre, courte et bonne : « Pas de défaillance et surtout pas de lâcheté, car, quand le canon gronde, on doit être administrateur et soldat [[101]]. » C'est ce même capitaine Pierre qui avait fait afficher, le 7 avril, sur les murs de Paris, la fameuse proclamation : *L'infanterie de ligne à la population de Paris* [[102]]. Puis vient Lullier, qui se dit républicain éprouvé par l'étude et par la lutte, et qui offre sa tête et son bras pour aller défendre la sainte cause par le conseil et par l'épée [[103]]. L. Rabuel veut la *décentralisation administrative et l'unité politique* [[104]]. Michel Bordet veut sauver la République et affirmer la révolution sociale ; en outre, il prétend ne faire partie d'aucun comité, d'aucun club ou réunion patronale, et néanmoins ne néglige pas de signer : membre de l'Internationale (cercle des études sociales [[105]]).

Et voici Courbet :

> **Il entre ! le voilà ! superbement coiffé**
> **D'un large panama qu'il pose à la patère,**

a dit Vermersch ; mais, cette fois, le peintre d'Ornans est songeur ; il est tout stupéfait de n'avoir pu, depuis trente ans, faire comprendre par sa peinture ses idées révolutionnaires et socialistes, et se voit dans la douce nécessité de faire une profession de foi. Il y dit que, sous l'Empire, *retranché dans son individualisme, il lutta sans relâche contre le gouvernement d'alors, non seulement sans le redouter, mais encore en le provoquant* [106].

Après Courbet, Landeck, qui vient d'échapper *aux fusillades réactionnaires de Marseille, et qui apporte sa vie à Paris* [107]; Secondigné, *l'ennemi implacable des priviléges et des castes,* qui veut lutter pour les MAIGRES contre les GRAS, et qui veut que, désormais, les sueurs du peuple profitent au peuple [108]; Piazza, le commandant du 85e bataillon, qui parle de conciliation, mais qui, cependant, ne conseille pas de s'endormir là-dessus, etc. [109].

Enfin, les élections complémentaires ont lieu; on sait ce qui arriva : l'abstention triomphe sur toute la liste, et la Commission nommée pour la validation des élections déclare qu'il est du devoir de la Commune de valider toutes celles qui ont obtenu la majorité absolue sur le nombre des votants. — Cela est malheureusement adopté par 26 voix contre 13 [110]. J'ai fait suivre le rapport de la Commission du chiffre de voix obtenu par certains candidats non élus, et d'un tableau comparatif des votes du 26 mars et du 16 avril; ces choses ont leur intérêt [111 112].

Dès le lendemain des élections, Rogeard s'écrie : « Nos élections du 6e arrondissement sont nulles, et bien d'autres avec elles. » Il demande le second tour et publie un *projet de déclaration* qu'il se propose de faire signer aux candidats qui se trouvent dans le même cas que lui; si, par malheur, la Commune nous valide, ajoute-t-il, je persisterai avec douleur à m'invalider moi-même [113]. Félix Pyat, qui ne serait peut-être pas fâché de s'en aller, déclare que s'il eût été présent, il aurait voté avec la minorité; il croit que la majorité se trompe, et il craint qu'elle ne veuille pas revenir sur son erreur, ce qui le forcerait, à son grand regret, à donner sa démission avant la victoire [114].

Mais les délégués des électeurs du 10e arrondissement, tout en étant d'accord avec lui sur le principe des élections, le somment de ne pas quitter sa place et de rester jusqu'à la fin du combat [115]. Un groupe d'électeurs lui déclare en outre que c'est à eux seuls qu'appartient le droit de sanctionner sa conduite et de le révoquer si ses votes cessaient d'être conformes avec leur opinion [116], et quelques citoyennes lui écrivent :

« Citoyen,

« Pour nos maris et nos fils absents, retenus devant l'ennemi, nous vous demandons de rester à votre poste.

« *Des citoyennes du 10e arrondissement.* »

Et le malheureux Pyat rentre dans la fournaise en

murmurant : « Cette lettre n'est pas la moins déterminante des trois. J'obéirai. »

Rogeard donne sa démission [117], ainsi que Briosne, qui déclare « qu'avant de se rendre à l'Hôtel-de-Ville, il se soumettra, comme les candidats qui n'ont pas été validés, à une réélection, aux conditions nouvelles qui auront été arrêtées [118]. »

Mais la parole était au chassepot ; il n'y eut plus d'élections, et la Commune ne fut jamais complétée.

PROFESSIONS DE FOI

DOCUMENTS OFFICIELS

AFFICHES ÉLECTORALES

CLUBS ET COMITÉS

Nº 1.

AUX GARDES NATIONAUX DE PARIS.

CITOYENS,

Vous nous aviez chargés d'organiser la défense de Paris et de vos droits.

Nous avons conscience d'avoir rempli cette mission; aidés par votre généreux courage et votre admirable sang-froid, nous avons chassé ce gouvernement qui nous trahissait.

A ce moment, notre mandat est expiré, et nous vous le rapportons, car nous ne prétendons pas prendre la place de ceux que le souffle populaire vient de renverser.

Préparez donc et faites de suite vos élections communales, et donnez-nous pour récompense, la seule que nous ayons jamais espérée: celle de vous voir établir la véritable République.

En attendant, nous conservons, au nom du peuple, l'Hôtel-de-Ville.

Hôtel-de-Ville, Paris, le 19 mars 1871.

Le Comité central de la garde nationale :

ASSI, BILLIORAY, FERRAT, BABICK, E. MOREAU, C. DUPONT, VARLIN, BOURSIER, MORTIER, GOUHIER, LAVALETTE, F. JOURDE, ROUSSEAU, Ch. LULLIER, BLANCHET, J. GROLLARD, BARROUD, H. GÉRESME, FABRE, POUGERET.

N° 2.

AU PEUPLE.

CITOYENS,

Le peuple de Paris a secoué le joug qu'on essayait de lui imposer.

Calme, implacable dans sa force, il a attendu, sans crainte comme sans provocation, les fous éhontés qui voulaient toucher à la République.

Cette fois, nos frères de l'armée n'ont pas voulu porter la main sur l'arche sainte de nos libertés. Merci à tous, et que Paris et la France jettent ensemble les bases d'une République acclamée avec toutes ses conséquences, le seul gouvernement qui fermera pour toujours l'ère des invasions et des guerres civiles.

L'état de siége est levé.

Le peuple de Paris est convoqué dans ses sections pour faire ses élections communales.

La sûreté de tous les citoyens est assurée par le concours de la garde nationale.

Hôtel-de-Ville, Paris, le 19 mars 1871.

Le Comité central de la garde nationale :

ASSI, BILLIORAY, FERRAT, BABICK, E. MOREAU, C. DUPONT, VARLIN, BOURSIER, MORTIER, GOUHIER, LAVALETTE, F. JOURDE, ROUSSEAU, Ch. LULLIER, BLANCHET, J. GROLLARD, BARROUD, H. GÉRESME, FABRE, POUGERET.

N° 3.

LE COMITÉ CENTRAL DE LA GARDE NATIONALE,

Considérant :

Qu'il y a urgence de constituer immédiatement l'administration communale de Paris,

ARRÊTE :

1° Les élections du conseil communal de la ville de Paris auront lieu mercredi prochain, 22 mars.

2° Le vote se fera au scrutin de liste et par arrondissement.

Chaque arrondissement nommera un conseiller par chaque vingt mille habitants ou fraction excédante de plus de dix mille.

3° Le scrutin sera ouvert de huit heures du matin à six heures du soir. Le dépouillement aura lieu immédiatement.

4° Les municipalités des vingt arrondissements sont chargées, chacune en ce qui la concerne, de l'exécution du présent arrêté.

Un avis ultérieur indiquera le nombre de conseillers à élire par arrondissement.

Hôtel-de-Ville, Paris, ce 19 mars 1871.

Le Comité central de la garde nationale :

ASSI, BILLIORAY, FERRAT, BABICK, E. MOREAU, C. DUPONT, VARLIN, BOURSIER, MORTIER, GOUHIER, LAVALETTE, F. JOURDE, ROUSSEAU, Ch. LULLIER, BLANCHET, J. GROLLARD, BARROUD, H. GÉRESME, FABRE, POUGERET, BOUIT, VIARD, Ant. ARNAUD.

N° 4.

D'après la loi électorale de 1849, un huitième des électeurs inscrits donne une majorité suffisante pour être élu. Le Comité central conserve l'esprit et la lettre de la loi précitée.

Paris, 26 mars, minuit.

N° 5.

AUX ÉLECTEURS DE PARIS.

LE COMITÉ CENTRAL

DES VINGT ARRONDISSEMENTS.

En vous conviant à élire les membres de l'Assemblée communale de Paris, le Comité de la fédération républicaine de la garde nationale, siégeant à l'Hôtel-de-Ville, vous a donné la preuve de sa ferme volonté de mettre fin aux usurpations, de quelque part qu'elles se présentent.

Pour se conformer à ces principes, il faut que vos élus puissent aller haut le front, et le cœur plein d'énergie, prendre possession de leur siége à l'Hôtel-de-Ville.

Il est donc indispensable de déterminer le minimum des suffrages sur lequel ils pourront appuyer leur mandat et en défendre l'exercice, fût-ce même au péril de leur vie.

Nous ne doutons certes pas que la masse des électeurs, comprenant qu'il est du plus strict devoir de prendre part au scrutin d'où doit surgir pour tous la reconnaissance définitive de leurs droits, ne se rendent en nombre suffisant aux urnes électorales.

Cependant, et pour éviter tout malentendu, le Comité central des vingt arrondissements, prenant pour base la loi d'après laquelle se sont accomplies les élections du 8 février dernier, pense que le mandat municipal que vous êtes appelés à déléguer devrait s'appuyer sur un minimum de suffrages égal au moins au huitième des électeurs inscrits dans chaque arrondissement.

De plus, et sans prétendre s'ingérer dans l'administration publique actuelle, le Comité des vingt arrondissements croit devoir indiquer au Comité central de l'Hôtel-de-Ville qu'il serait bon de fixer à une année la durée des fonctions de membre de l'Assemblée communale de Paris, jusqu'à ce qu'il ait été statué ultérieurement.

En appelant votre attention sur ces divers points, citoyens électeurs, nous voulons une fois de plus prouver l'importance que nous attachons à l'accomplissement du mouvement commencé le 18 mars, et témoigner l'ardent désir que nous avons de voir le Comité de l'Hôtel-de-Ville mener à bonne fin l'œuvre qu'il a si courageusement entreprise au bénéfice de tous!...

Pour et par délégation du Comité central républicain des vingt arrondissements :

Signé : BRIOSNE, GÉRARDIN, JOHANNARD, LEFRANÇAIS, THÉLIDON, etc., etc.

N° 6.

FÉDÉRATION RÉPUBLICAINE

DE LA

GARDE NATIONALE.

Le Comité central, n'ayant pu établir une entente parfaite avec les maires, se voit forcé de procéder aux élections sans leur concours.

En conséquence, le Comité arrête :

1° Les élections se feront dans chaque arrondissement par les soins d'une commission électorale nommée à cet effet par le Comité central.

2° Les électeurs de la ville de Paris sont convoqués, jeudi 23 mars 1871, dans leurs colléges électoraux, à l'effet d'élire le Conseil communal de Paris.

3° Le vote se fera au scrutin de liste et par arrondissement.

4° Le nombre de conseillers est fixé à 90, soit 1 pour 20,000 habitants et par fraction de plus de 10,000.

5° Ils sont répartis d'après la population, ainsi qu'il suit :

ARRONDISSEMENTS.	POPULATION.	NOMBRE de CONSEILLERS.
Ier	81,665	4
IIe	79,909	4
IIIe............	92,680	5
IVe	98,648	5
Ve.............	104,083	5
VIe............	99,115	5
VIIe	75,438	4
VIIIe	70,259	4
IXe............	106,221	5
Xe.............	116,438	6
XIe............	149,641	7
XIIe...........	78,635	4
XIIIe	70,192	4
XIVe	65,506	3
XVe	69,340	3
XVIe	42,187	2
XVIIe..........	93,193	5
XVIIIe	130,456	7
XIXe	88,930	4
XXe	87,444	4
TOTAL..............		90 (1)

6° Les électeurs voteront sur la présentation de la carte qui leur a été délivrée pour l'élection des députés à l'Assemblée nationale, le 8 février 1871, et dans les mêmes locaux.

7° Ceux des électeurs qui n'auraient pas retiré leur carte à cette époque, ou l'auraient égarée depuis, prendront

(1) Il y eut une rectification faite à ce tableau : la population du XIXe arrondissement étant réellement de 113,000 habitants, et non de 88,930, aura à élire 6 conseillers municipaux au lieu de 4.
(*Journal officiel* du 26 mars 1871.)

part au vote après vérification de leur inscription sur la liste électorale. Ils devront faire constater leur identité par deux électeurs inscrits dans leur section.

8° Le scrutin ouvrira à huit heures du matin et sera clos à six heures du soir ; le dépouillement commencera immédiatement après la clôture du scrutin.

CITOYENS,

Le Comité central remet aux mains du peuple de Paris le pouvoir tombé de mains indignes. Les élections communales se feront d'après le mode ordinaire ; mais le Comité central exprime le vœu qu'à l'avenir le vote nominal soit considéré comme le seul vraiment moral et digne des principes démocratiques.

Le Comité central de la garde nationale :

AVOINE fils, Ant. ARNAUD, G. ARNOLD, ASSI, ANDIGNOUX, BOUIT, J. BERGERET, BABICK, BOURSIER, BAROU (*sic*), BILLIORAY, BLANCHET, CASTIONI, CHOUTEAU, C. DUPONT, FERRAT, H. FORTUNÉ, FABRE, FLEURY, FOUGERET, C. GAUDIER, GOUHIER, GUIRAL, GÉRESME, GROLLARD, JOSSELIN, F. JOURDE, M. LISBONNE, LAVALETTE, Ch. LULLIER, MALJOURNAL, MOREAU, MORTIER, PRUDHOMME, ROUSSEAU, RANVIER, VARLIN, VIARD.

N° 7.

RÉPUBLIQUE FRANÇAISE.

Liberté, Égalité, Fraternité.

CITOYENS,

Pénétrés de la nécessité absolue de sauver la République, en écartant toute cause de collision, et convaincus que le meilleur moyen d'atteindre ce but suprême est de donner satisfaction aux vœux légitimes du peuple, nous avons résolu de demander aujourd'hui même à l'Assemblée nationale l'adoption de deux mesures qui, nous en avons l'espoir, si elles sont acceptées, contribueront à ramener le calme dans les esprits.

Ces deux mesures sont : l'élection de tous les chefs de la garde nationale, et l'élection d'un conseil municipal élu par tous les citoyens.

Ce que nous voulons, ce que le bien public réclame, en toute circonstance, et que la situation présente rend plus indispensable que jamais, c'est l'ordre dans la liberté et par la liberté.

VIVE LA RÉPUBLIQUE !

Représentants de la Seine :

L. BLANC, SCHŒLCHER, A. PEYRAT, E. ADAM, FLOQUET, MARTIN BERNARD, LANGLOIS, E. LOCKROY, FARCY, MILLIÈRE, H. BRISSON, GREPPO.

Maires et adjoints de Paris :

1er *arrondissement*. — ADAM, maire ; MÉLINE, adjoint.

2e *arrondissement*. — TIRARD, maire ; BRELAY, CHÉRON, LOISEAU-PINSON, adjoints.

3e arrondissement. — BONVALET, maire ; MURAT, adjoint.

4e arrondissement. — VAUTRAIN, maire ; LOISEAU, CALLOU, adjoints.

5e arrondissement. — JOURDAN, adjoint.

6e arrondissement. — HÉRISSON, LEROY, adjoints.

7e arrondissement. — ARNAUD (de l'Ariége), maire.

8e arrondissement. — CARNOT, maire.

9e arrondissement. — DESMAREST, maire.

10e arrondissement. — DUBAIL, maire ; MURAT, DEGOUVE-DENUNCQUES, adjoints.

11e arrondissement. — MOTTU, maire ; BLANCHARD (*sic*), POIRIER, TOLAIN, adjoints.

12e arrondissement. — DENIZOT, DUMAS, TURILLON, adjoints.

13e arrondissement. — Leo MEILLET, COMBES, adjoints.

14e arrondissement. — HÉLIGON, JOBBÉ-DUVAL, adjoints.

16e arrondissement. — H. MARTIN, maire et représentant.

17e arrondissement. — F. FAVRE, maire ; MALON, VILLENEUVE, CACHEUX, adjoints.

18e arrondissement. — CLÉMENCEAU, maire et représentant ; LAFONT, DEREURE et JACLARD, adjoints.

No 8.

Les maires et adjoints de Paris, et les représentants de la Seine, font savoir à leurs concitoyens que l'Assemblée nationale a, dans sa séance d'hier, voté l'urgence du projet de loi relatif aux élections du conseil municipal de la ville de Paris.

La garde nationale, ne prenant conseil que de son patriotisme, tiendra à honneur d'écarter toute cause de conflit en attendant les décisions qui seront prises par l'Assemblée nationale.

Vive la France ! Vive la République !

Paris, 21 mars 1871.

N° 9.

Aux Électeurs de Paris.

DÉCLARATION DE LA PRESSE.

Attendu que la convocation des électeurs est un acte de la souveraineté nationale ;

Que l'exercice de cette souveraineté n'appartient qu'aux pouvoirs émanés du suffrage universel;

Que par suite, le Comité qui s'est installé à l'Hôtel-de-Ville n'a ni droit, ni qualité pour faire cette convocation;

Les représentants des journaux soussignés regardent la convocation, affichée pour le 22 courant, comme nulle et non avenue, et engagent les électeurs à n'en pas tenir compte.

Le Journal des Débats, — le Constitutionnel, — le Moniteur universel, — le Figaro, — le Gaulois, — la Vérité, — Paris-Journal, — la Presse, — la France, — la Liberté, — le Pays, — le National, — l'Univers, — le Temps, — la Cloche, — la Patrie, — le Bien public, — l'Union, — l'Avenir libéral, — le Journal des Villes et des Campagnes, — le Charivari, — le Monde, — la France nouvelle, — la Gazette de France, — le Petit Moniteur, — le Petit National, — l'Électeur libre, — la Petite Presse, — le Siècle, — le Rappel, — le Français, — l'Opinion nationale, — le Journal de Paris, — le Droit, etc.

N° 10.

PROCLAMATION DES DÉPUTÉS DE LA SEINE

RÉPUBLIQUE FRANÇAISE

Liberté, Égalité, Fraternité.

Paris, 22 mars.

CITOYENS,

Nous ne doutons pas que vous n'éprouviez, à la lecture de la séance d'hier, le sentiment dont notre âme est saisie. Il n'a pas dépendu de nous que cette séance n'ait eu un autre caractère et de meilleurs résultats.

Toutefois, nous avons obtenu la reconnaissance formelle du droit de Paris, qui, en conséquence, sera appelé, dans le plus bref délai, à élire son conseil municipal.

Dans cette situation, vous comprendrez comme nous la nécessité d'éviter les désastres qui naîtraient en ce moment de tout conflit entre les citoyens.

VIVE LA FRANCE! VIVE LA RÉPUBLIQUE !

Les représentants de la Seine :

Louis BLANC, Edgar QUINET, V. SCHŒLCHER, A. PEYRAT, Edmond ADAM, Ch. FLOQUET, MARTIN BERNARD, LANGLOIS, Ed. LOCKROY, FARCY, Henri BRISSON, GREPPO, MILLIÈRE, CLÉMENCEAU, TIRARD, TOLAIN.

N° 11.

PROCLAMATION DES DÉPUTÉS ET DES MAIRES

RÉPUBLIQUE FRANÇAISE

LIBERTÉ, ÉGALITÉ, FRATERNITÉ

A LA GARDE NATIONALE ET A TOUS LES CITOYENS, LES MAIRES ET ADJOINTS DE PARIS ET LES DÉPUTÉS DE LA SEINE.

La patrie sanglante et mutilée est près d'expirer, et nous, ses enfants, nous lui portons le dernier coup! L'étranger est à nos portes, épiant le moment d'y entrer en maître, et nous tournerions les uns contre les autres nos armes fratricides!

Au nom de tous les grands souvenirs de notre malheureuse France; au nom de nos enfants dont nous détruirions à jamais l'avenir, nos cœurs brisés font appel aux vôtres. —Que nos mains s'unissent encore comme elles s'unissaient durant les heures douloureuses et glorieuses du siége. — Ne perdons pas en un jour cet honneur qu'avaient gardé intact cinq mois de courage sans exemple.

Cherchons, citoyens, ce qui nous unit, et non ce qui nous divise.

Nous voulons le maintien, l'affermissement de la grande institution de la garde nationale, dont l'existence est inséparable de celle de la République.

Nous l'aurons.

Nous voulions que Paris retrouvât sa liberté municipale, si longtemps confisquée par un arrogant despotisme.

Nous l'aurons.

Vos vœux ont été portés à l'Assemblée nationale par vos députés ; l'Assemblée y a satisfait par un vote unanime qui garantit les élections municipales, sous bref délai, à Paris et dans toutes les communes de France.

En attendant ces élections, seules légales et régulières, seules conformes aux vrais principes des institutions républicaines, le devoir des bons citoyens est de ne pas répondre à un appel qui leur est adressé sans titre et sans droit.

Nous, vos représentants municipaux, — nous, vos députés, déclarons donc rester entièrement étrangers aux élections annoncées pour demain, et protestons contre leur légalité.

Citoyens, unissons-nous dans le respect de la loi, et la patrie et la République seront sauvées.

VIVE LA FRANCE! VIVE LA RÉPUBLIQUE!

Paris, 22 mars 1871.

Les maires et adjoints de Paris :

1er arrondissement. — ADAM, maire; MÉLINE, adjoint.

2e arrondiesement. — TIRARD, maire, représentant de la Seine ; E. BRELAY, CHÉRON, LOISEAU-PINSON, adjoints.

3e arrondissement. — BONVALET, maire ; MURAT, adjoint.

4e arrondissement. — VAUTRAIN, maire ; LOISEAU, CALLON, adjoints.

5e arrondissement. — JOURDAN, adjoint.

6e arrondissement. — HÉRISSON, LEROY, adjoints.

7e arrondissement. — ARNAUD (de l'Ariége), maire, représentant de la Seine ; HORTUS, DARGENT, BELLAIGUIE, adjoints.

8e arrondissement. — CARNOT, maire, représentant de la Seine ; DENORMANDIE, adjoint.

9e arrondissement. — DESMAREST, maire ; E. FERRY, A. NAST, adjoints.

10e arrondissement. — DUBAIL, maire; A. MURAT, DEGOUVE-DENUNCQUES, adjoints.

11e arrondissement. — J. MOTTU, maire; BLANCHON, POIRIER, TOLAIN, représentant de la Seine, adjoints.

12e arrondissement. — GRIVOT, maire; DENIZOT, DUMAS, TURILLON, adjoints.

13e arrondissement. — COMBES, adjoint.

14e arrondissement. — HÉLIGON, adjoint.

15e arrondissement. — JOBBÉ-DUVAL, SEXTIUS-MICHEL, adjoints.

16e arrondissement. — H. MARTIN, maire et représentant; MARMOTTAN, CHAUDET, SEVESTRE, adjoints.

17e arrondissement. — F. FAVRE, maire; MALON, VILLENEUVE, CACHEUX, adjoints.

18e arrondissement. — CLÉMENCEAU, maire et représentant; J.-A. LAFONT, adjoint.

19e arrondissement. — DEVAUX, SARTORY, adjoints.

Les représentants de la Seine :

L. BLANC, E. QUINET, A. PEYRAT, V. SCHŒLCHER, FLOQUET, E. ADAM, MARTIN BERNARD, E. LOCKROY, LANGLOIS, FARCY, H. BRISSON, GREPPO, MILLIÈRE, CLÉMENCEAU, TIRARD, TOLAIN.

No 12.

(*Cri du Peuple,* 26 mars.)

CITOYEN RÉDACTEUR,

Le club de l'École de médecine a voté hier, à l'unanimité, de concert avec la réunion de la rue de la Maison-Dieu et de celle de la rue d'Assas, un blâme aux députés de Paris qui ont signé les affiches désapprouvant les élections immédiates de la Commune municipale de Paris, sans l'agrément de Versailles. — En outre, ces réunions regrettent le silence des députés qui se sont abstenus.

Le président du club,
Ch. BOUSSOT.

N° 13.

COMITÉ CENTRAL

CITOYENS,

Votre légitime colère nous a placés le 18 mars au poste que nous ne devions occuper que le temps strictement nécessaire pour procéder aux élections communales.

Vos maires, vos députés, répudiant les engagements pris à l'heure où ils étaient des candidats, ont tout mis en œuvre pour entraver ces élections, que nous voulions faire à bref délai.

La réaction, soulevée par eux, nous déclare la guerre.

Nous devons accepter la lutte et briser la résistance, afin que vous puissiez y procéder dans le calme de votre volonté et de votre force.

En conséquence, les élections sont remises au dimanche prochain, 26 mars.

Jusque-là, les mesures les plus énergiques seront prises pour faire respecter les droits que vous avez revendiqués.

Hôtel-de-Ville, 22 mars 1871.

Le Comité central de la garde nationale :

AVOINE fils, Ant. ARNAUD, G. ARNOLD, ASSI, ANDIGNOUX' BOUIT, J. BERGERET, BABICK, BOURSIER, BAROU, BILLIORAY, BLANCHET, CASTIONI, CHOUTEAU, C. DUPONT, FERRAT, H. FORTUNÉ, FABRE, FLEURY, FOUGERET, C. GAUDIER, GOUHIER, GUIRAL, GÉRESME, GROLLARD, JOSSELIN, F. JOURDE, M. LISBONNE, LAVALETTE, Ch. LULLIER, MALJOURNAL, MOREAU, MORTIER, PRUDHOMME, ROUSSEAU, RANVIER, VARLIN, VIARD.

N° 14.

CITOYENS,

Vous êtes appelés à élire votre Assemblée communale (le conseil municipal de la ville de Paris).

Pour la première fois, depuis le 4 septembre, la République est affranchie du gouvernement de ses ennemis.

Conformément au droit républicain, vous vous convoquez vous-mêmes, par l'organe de votre comité, pour donner aux hommes que vous-mêmes aurez élus un mandat que vous-mêmes aurez défini.

Votre souveraineté vous est rendue tout entière ; vous vous appartenez complètement; profitez de cette heure précieuse, unique peut-être, pour ressaisir les libertés communales dont jouissent ailleurs les plus humbles villages, et dont vous êtes depuis si longtemps privés.

En donnant à votre ville une forte organisation communale, vous y jetterez les premières assises de votre droit, indestructible base de vos institutions républicaines.

Le droit de la cité est aussi imprescriptible que celui de la nation ; la cité doit avoir, comme la nation, son Assemblée, qui s'appelle indistinctement Assemblée municipale ou communale, ou commune.

C'est cette Assemblée qui, récemment, aurait pu faire la force et le succès de la défense nationale, et, aujourd'hui, peut faire la force et le salut de la République.

Cette Assemblée fonde l'ordre véritable, le seul durable, en l'appuyant sur le consentement souvent renouvelé d'une majorité souvent consultée, et supprime toute cause de conflit, de guerre civile et de révolution, en supprimant tout antagonisme contre l'opinion publique de Paris et le pouvoir exécutif central.

Elle sauvegarde à la fois le droit de la cité et le droit de la nation, celui de la capitale et celui de la province, fait leur juste part aux deux influences, et réconcilie les deux esprits.

Enfin, elle donne à la cité une milice nationale qui défend les citoyens contre le pouvoir, au lieu d'une armée permanente qui défend le pouvoir contre les citoyens, et une police municipale qui poursuit les malfaiteurs, au lieu d'une police politique qui poursuit les honnêtes gens.

Cette Assemblée nomme dans son sein des comités spéciaux qui se partagent ses attributions diverses (instruction, travail, finances, assistance, garde nationale, police, etc.).

Les membres de l'Assemblée municipale, sans cesse contrôlés, surveillés, discutés par l'opinion, sont révocables, comptables et responsables ; c'est une telle Assemblée, la ville libre dans le pays libre, que vous allez fonder. Citoyens, vous tiendrez à honneur de contribuer par votre vote à cette fondation. Vous voudrez conquérir à Paris la gloire d'avoir posé la première pierre du nouvel édifice social, d'avoir élu le premier sa Commune républicaine.

CITOYENS,

Paris ne veut pas régner, mais il veut être libre ; il n'ambitionne pas d'autre dictature que celle de l'exemple ; il ne prétend ni imposer, ni abdiquer sa volonté ; il ne se soucie pas plus de lancer des décrets que de subir des plébiscites ; il démontre le mouvement en marchant lui-même, et prépare la liberté des autres en fondant la sienne. Il ne pousse personne violemment dans les voies de la République ; il est content d'y entrer le premier.

Hôtel-de-Ville, 22 mars 1871.

(Suivent les signatures.)

N° 15.

Aux Électeurs de Paris.

LE COMITÉ CENTRAL

DES VINGT ARRONDISSEMENTS.

CITOYENS,

Provoquée par les partis monarchiques coalisés, la garde nationale de Paris a dû repousser ces provocations et accomplir une nouvelle révolution que les députés et magistrats municipaux n'ont su ni prévenir, ni empêcher.

Maître de la situation depuis quatre jours, le peuple de Paris a répondu victorieusement aux calomnies dont il est l'objet depuis si longtemps, et l'ordre n'a jusqu'ici été troublé que par ceux qui se contentent d'inscrire ce mot sur leur drapeau.

Désireux surtout de donner à la France les gages les plus sérieux de sécurité, le *Comité de la fédération de la garde nationale,* siégeant à l'Hôtel-de-Ville, s'est empressé de déclarer qu'il entendait remettre immédiatement le pouvoir administratif entre les mains d'une municipalité librement élue.

En témoignage de sa sincérité, le comité vous appelle pour aujourd'hui au scrutin.

Dans ces circonstances, les habiles, profitant d'une déclaration regrettable signée par les députés et les municipalités de Paris, — déclaration aussitôt appuyée par les journaux réactionnaires, — vous invitent à déserter l'urne électorale, espérant bien que tout retard apporté dans les élections communales amène forcément un conflit entre les citoyens de la grande cité.

CITOYENS,

Il importe au salut de la patrie et de la République de déjouer de pareilles manœuvres.

En conséquence, le Comité central des vingt arrondissements, composé d'hommes déjà connus d'un grand nombre d'entre nous, vous adjure de vous rendre au scrutin, et, dût-il durer deux jours, pour permettre à chacun d'accomplir ce devoir sacré en toute certitude, de donner par là la seule solution qui convienne au mouvement accompli le 18 mars : la constitution d'une représentation municipale ramenant dans Paris la sécurité que n'a pu lui procurer aucun des gouvernements autoritaires qui l'ont opprimé jusqu'ici.

AUX URNES, citoyens, AUX URNES !

Afin que le fusil soit aussitôt remplacé par l'outil, et qu'ainsi soient assurés par tous le travail, l'ordre et la liberté.

Au nom du Comité central des vingt arrondissements,
et par délégation :

Ch. BESLAY, BRIOSNE, BAUX, H. BOCQUET, BEDOUCH, F. BREUILLÉ, CHALVET, CAMELINAT, Ch. DUMONT, P. DENIS, J. FERRÉ, HAMET, Ambroise LYAS, LEFRANÇAIS, Constant MARTIN, Eugène POTTIER, ROCHAT, Ch. RÉGNIER, THÉLIDON, THEISZ, VAILLANT, Jules VALLÈS.

N° 16.

ASSOCIATION INTERNATIONALE
DES TRAVAILLEURS.

CONSEIL FÉDÉRAL DES SECTIONS PARISIENNES

CHAMBRE FÉDÉRALE DES SOCIÉTÉS OUVRIÈRES.

TRAVAILLEURS,

Une longue suite de revers, une catastrophe qui semble devoir entraîner la ruine complète de notre pays, tel est le bilan de la situation créée à la France par les gouvernements qui l'ont dominée.

Avons-nous perdu les qualités nécessaires pour nous relever de cet abaissement? Sommes-nous dégénérés au point de subir avec résignation le despotisme hypocrite de ceux qui nous ont livrés à l'étranger, et de ne retrouver l'énergie que pour rendre notre ruine irrémédiable par la guerre civile?

Les derniers événements ont démontré la force du peuple de Paris; nous sommes convaincus qu'une entente fraternelle démontrera bientôt sa sagesse.

Le principe d'autorité est désormais impuissant pour rétablir l'ordre dans la rue, pour faire renaître le travail dans l'atelier, et cette impuissance est sa négation.

L'insolidarité des intérêts a créé la ruine générale, engendré la guerre sociale; *c'est à la liberté, à l'égalité, à la solidarité qu'il faut demander d'assurer l'ordre sur de nouvelles bases, de réorganiser le travail, qui est sa condition première.*

Travailleurs,

La révolution communale affirme ces principes; elle écarte toute cause de conflit dans l'avenir. Hésiterez-vous à lui donner votre sanction définitive?

L'indépendance de la Commune est le gage d'un contrat dont les causes, librement débattues, feront cesser l'antagonisme des classes et assureront l'égalité sociale.

Nous avons revendiqué l'émancipation des travailleurs, et la délégation communale en est la garantie, car elle doit fournir à chaque citoyen les moyens de défendre ses droits, de contrôler d'une manière efficace les actes de ses mandataires, chargés de la gestion de ses intérêts et de déterminer l'application progressive des réformes sociales.

L'autonomie de chaque commune enlève tout caractère oppressif à ses revendications, et affirme la République dans sa plus haute expression.

Travailleurs,

Nous avons combattu, nous avons appris à souffrir pour notre principe égalitaire; nous ne saurions reculer, alors que nous pouvons aider à mettre la première pierre de l'édifice social.

Qu'avons-nous demandé?

L'organisation du crédit, de l'échange, de l'association, afin d'assurer au travailleur la valeur intégrale de son travail;

L'instruction gratuite, laïque et intégrale;

Le droit de réunion et d'association, la liberté absolue de la presse, celle du citoyen;

L'organisation, au point de vue municipal, des services de police, de force armée, d'hygiène, de statistique, etc.

Nous avons été dupes de nos gouvernants; nous nous sommes laissé prendre à leur jeu, alors qu'ils caressaient et réprimaient tour à tour les factions dont l'antagonisme assurait leur existence.

Aujourd'hui, le peuple de Paris est clairvoyant; il se refuse à ce rôle d'enfant dirigé par le précepteur, et, dans les élections municipales, produit d'un mouvement dont il est lui-même l'auteur, il se rappellera que le principe qui préside à l'organisation d'un groupe, d'une association, est le même qui doit gouverner la société entière, et, comme il rejetterait tout administrateur, président imposé par un pouvoir en dehors de son sein, il repoussera tout maire, tout préfet imposé par un gouvernement étranger à ses aspirations.

Il affirmera son droit, supérieur au vote d'une Assemblée, de rester maître dans sa ville et de constituer comme il lui convient sa représentation municipale, sans prétendre l'imposer aux autres.

Dimanche, 26 mars, nous en sommes convaincus, le peuple de Paris tiendra à honneur de voter pour la Commune.

Les délégués présents à la séance de nuit du 23 mars 1871 :

Conseil fédéral des sections parisiennes de l'Association internationale.

AUBRY (fédération rouennaise), BOUDET, CHAUDESAIGUES, COISÉ, V. DEMAY, A. DUCHÊNE, DUPUIS, Léo FRANKEL, H. GOULLÉ, LAUREAU, LIMOUSIN, Martin LÉON, NOSTAG, Ch. ROCHAT.

Chambre fédérale des sociétés ouvrières.

CAMELINAT, DESCAMPS, ÉVETTE, GALAND, HAAN, HAMET, JANCE, J. LALLEMAND, Lazare LÉVY, PINDY, Eugène POTTIER, ROUVEYROLLES, SPOETLER, A. THEISZ, VÉRY.

N° 17.

PROCLAMATION

Chers concitoyens,

Je m'empresse de porter à votre connaissance que, d'accord avec les députés de la Seine et les maires de Paris, nous avons obtenu du gouvernement, de l'Assemblée nationale :

1° La reconnaissance complète de vos FRANCHISES MUNICIPALES ;

2° L'élection de tous les officiers de la garde nationale, y compris le *général en chef ;*

3° Des modifications à la loi sur les échéances ;

4° Un projet de loi sur les loyers, favorable aux locataires, jusques et y compris les loyers de 1,200 fr.

En attendant que vous confirmiez ma nomination ou que vous m'ayez remplacé, je resterai à mon poste d'honneur pour veiller à l'exécution des lois de conciliation que nous avons réussi à obtenir, et contribuer ainsi à l'affermissement de la République.

Paris, 23 mars 1871.

Le vice-amiral, commandant en chef provisoire,

Saisset.

N° 18.

23 mars.

CITOYEN RÉDACTEUR,

Pour rendre hommage à la vérité, il est de mon devoir de déclarer que c'est en mon absence que mon nom a été mis sur la troisième affiche des maires et adjoints de Paris.

Salut fraternel.

B. MALON,
Adjoint au 17e arrondissement.

N° 19.

Paris, 23 mars 1871.

CITOYEN RÉDACTEUR,

Je viens de voir sur les murs de Paris une affiche signée de tous les maires et adjoints de Paris, portant nomination dans la garde nationale de l'amiral Saisset, du colonel Langlois et du colonel Schœlcher.

C'est par erreur que ma signature a été apposée au bas de cette affiche ; je ne l'ai pas plus signée que la troisième proclamation des maires et des députés. Je les considère toutes deux comme devant précipiter l'effervescence au lieu de l'apaiser, et amener des conflits qu'il est de mon devoir de magistrat d'éviter à tout prix.

Salut et fraternité.

LÉO MEILLET,
Maire-adjoint du 13e arrondissement.

N° 20.

Au citoyen PASCHAL GROUSSET.

Paris, 23 mai 1871.

MON CHER AMI,

Je vous prie d'insérer la protestation suivante :

Depuis quelques jours, mon nom se trouve accolé à la kyrielle de noms de MM. les députés et maires de Paris. Je ne puis rester plus longtemps sans protester. Non, je ne veux pas que la population parisienne puisse croire que je suis assez oublieux de mes devoirs de citoyen pour exciter les Parisiens à s'entre-égorger entre eux, comme font ces messieurs, car leur affiche ne demande que cela.

Je proteste avec énergie contre ceux qui ont l'impudence de mettre mon nom au bas de ces affiches que je réprouve et condamne.

Recevez, mon cher ami, l'assurance de mes sentiments dévoués.

S. DEREURE,
Adjoint au 18e arrondissement.

N° 21.

Vendredi 23 mars 1871.

CITOYEN RÉDACTEUR,

Je lis dans les journaux différentes proclamations au bas desquelles mon nom est apposé en ma qualité de représentant du peuple de Paris.

J'en ai signé deux, l'une dans la nuit de dimanche à lundi, après un arrangement convenu avec les délégués du Comité central de la garde nationale, et l'autre datée du 22 mars, à la suite de la séance de mardi, parce que toutes les deux m'ont semblé de nature à conjurer les calamités de la guerre civile.

Mais je proteste contre l'usage qui a été fait de ma signature, apposée à mon insu sur d'autres actes à la rédaction desquels je n'ai point participé, et qui me paraissent peu propres à atteindre le but de pacification et de justice que nous devons nous proposer.

Veuillez, citoyen, insérer cette déclaration, et agréez mes salutations fraternelles.

MILLIÈRE.

N° 22.

Paris-Batignolles, le 23 mars 1871.

CITOYEN RÉDACTEUR,

En présence des événements actuels, les municipalités élues de Paris ont tenté et poursuivi jusqu'ici un but de conciliation.

L'inqualifiable discours de M. Jules Favre, dans lequel il est dit : *qu'il faut combattre résolument l'émeute de cette tourbe impure qui contient tant d'éléments détestables*, et ces paroles prononcées par l'amiral Saisset : *Oui, appelons la province, et marchons, s'il le faut, sur Paris ; il faut que l'on en finisse*, ont gravement compromis tant de laborieux efforts.

Dans cette situation, et étant mis hors de cause le Comité central, que sa victoire sur l'agression gouvernementale a porté à l'Hôtel-de-Ville, le seul moyen de rentrer dans l'ordre sans qu'une goutte de sang français soit versé par des mains françaises, pour que la révolution municipale de Paris ait son cours et soit circonscrite dans son objet, un seul moyen reste : les élections d'un conseil municipal de Paris.

C'est pourquoi, dans un but de concorde et de conservation de notre chère République, je crois de mon devoir de me rallier aux élections qui doivent avoir lieu le 26 mars.

B. MALON,

Adjoint au 17e arrondissement.

No 23.

RÉPUBLIQUE FRANÇAISE

Liberté, Égalité, Fraternité.

Citoyens,

La *République* vient d'échapper à un nouveau péril.

Les représentants de Paris, sauf quelques exceptions, que nous avions élus pour la défendre, viennent de pactiser avec le gouvernement Thiers-Jules-Favre-Trochu, gouvernement qui, hier, a refusé de mettre au bas d'une proclamation le mot *République*.

Il n'y a plus de doute possible!..

L'Assemblée est monarchiste et veut le renversement de la République. Les députés et maires de Paris, en reconnaissant son autorité, sont aussi coupables qu'elle.

Dans une telle situation, que reste-t-il à faire au peuple de Paris?

A lui de conserver la République par tous les moyens;

A lui de rester calme et digne devant les excitations monarchiques;

A lui de faire respecter l'ordre;

A lui d'empêcher le renouvellement d'émeutes composées de journalistes de la préfecture de police de l'ex-gouvernement et d'une poignée de misérables soudoyés par l'or impérial ou royal;

A lui enfin, le grand calomnié, de montrer par son abnégation, son courage et son patriotisme, de quel côté sont les voleurs et les pillards.

S'il sait rester ferme et énergique dans cette attitude, la République est à jamais fondée.

Les élections municipales, qui ne peuvent avoir lieu aujourd'hui, empêchées par les événements d'hier, seront faites dans le plus bref délai.

Elles rendront Paris à lui-même et rétabliront l'ordre dans la cité.

Vive à jamais la République!

L'adjoint du 18e arrondissement,
S. DEREURE.

N° 24.

CITOYENS, GARDES NATIONAUX,

Brutalement provoqués, vous vous êtes levés spontanément pour assurer par votre attitude la mission que vous nous aviez confiée.

La tâche est ardue pour tous : elle comporte beaucoup de fatigues, beaucoup de résolution, et chacun a fait preuve du sentiment de ses devoirs.

Quelques bataillons, cependant, égarés par des chefs réactionnaires, ont cru devoir entraver notre mouvement par une opposition incompréhensible, puisqu'elle apporte un obstacle aux volontés de la garde nationale.

Des maires, des députés, oublieux de leurs mandats, ont encouragé cette résistance.

Une partie de la presse, qui ne voit pas sans dépit l'avènement du monde des travailleurs, a répandu sur nous les calomnies les plus absurdes, rééditant les épithètes de communistes, de partageux, de pillards, de buveurs de sang, etc.; et des citoyens craintifs ont ajouté foi à ces mensonges. Mais nous avons laissé passer cet orage ; nous apportions les libertés soustraites, et, bien qu'on s'en servît contre nous, nous avons dédaigné l'abus.

On a agité le fantôme prussien, menacé du bombardement, de l'occupation, etc., et les Prussiens, qui nous ont jugés à notre valeur, ont répondu en reconnaissant notre droit.

La cause de la démocratie, la cause du peuple, la sainte cause de la justice et de la liberté, doit triompher de tous les obstacles, et elle en triomphera.

Quant à nous, sûrs du succès de l'œuvre commune, nous vous remercions avec effusion de votre dévoûment en face des fatigues d'un service extraordinaire ; nous comptons sur votre courage pour aller avec nous jusqu'au bout. Nos adversaires, mieux éclairés quand ils auront compris la légitimité de nos revendications, viendront à nous ; ils y viennent déjà chaque jour, et dimanche, au scrutin, il n'y aura définitivement au chiffre des abstentions que ceux qui caressaient traîtreusement l'espérance d'un retour à la monarchie et à tous les priviléges, et aux institutions plus ou moins féodales qui en sont le cortége obligé.

Citoyens, gardes nationaux,

Nous comptons sur votre courage, sur vos efforts persévérants, sur votre abnégation et votre bon vouloir, en présence des charges du service, des croisements d'ordres qui peuvent se produire et de vos fatigues de tous les jours.

Marchons fermement au but sauveur : l'établissement définitif de la République par le contrôle permanent de la Commune, appuyé par cette seule force : la garde nationale élective dans tous les grades.

Quand nous pourrons avoir les yeux partout où se traitent nos affaires, partout où se préparent nos destinées, alors, mais seulement alors, on ne pourra plus étrangler la République.

Hôtel-de-Ville, 24 mars 1871.

(Suivent les signatures.)

N° 25.

CITOYENS,

La cause de nos divisions repose sur un malentendu. En adversaires loyaux, voulant le dissiper, nous exprimerons encore nos griefs légitimes.

Le gouvernement, suspect à la démocratie par sa composition même, avait néanmoins été accepté par nous, en nous réservant de veiller à ce qu'il ne trahît pas la République, après avoir trahi Paris.

Nous avons fait, sans coup férir, une révolution : c'était un devoir sacré; en voici les preuves :

Que demandons-nous ?

Le maintien de la République comme gouvernement seul possible et indiscutable ;

Le droit commun pour Paris, c'est-à-dire un conseil communal élu ;

La suppression de la préfecture de police, que le préfet de Kératry avait lui-même réclamée ;

La suppression de l'armée permanente et le droit pour vous, garde nationale, d'être seule à assurer l'ordre dans Paris ;

Le droit de nommer tous nos chefs ;

Enfin, la réorganisation de la garde nationale sur des bases qui donneraient des garanties au peuple.

Comment le gouvernement a-t-il répondu à cette revendication légitime ?

Il a rétabli l'état de siége tombé en désuétude, et donné le commandement à Vinoy, qui s'est installé la menace à la bouche.

Il a porté la main sur la liberté de la presse en supprimant six journaux.

Il a nommé au commandement de la garde nationale un général impopulaire, qui avait mission de l'assujettir à une discipline de fer et de la réorganiser sur les vieilles bases anti-démocratiques.

Il nous a mis la gendarmerie à la préfecture dans la personne du général Valentin, ex-colonel de gendarmes.

L'Assemblée même n'a pas craint de souffleter Paris qui venait de prouver son héroïsme.

Nous gardions, jusqu'à notre réorganisation, des canons payés par nous et que nous avions soustraits aux Prussiens. On a tenté de s'en emparer par des entreprises nocturnes et les armes à la main.

On ne voulait rien accorder ; il fallait obtenir, et nous nous sommes levés pacifiquement, mais en masse.

On nous objecte aujourd'hui que l'Assemblée, saisie de peur, nous promet, pour un temps (non déterminé), l'élection communale et celle de nos chefs, et que, dès lors, notre résistance au pouvoir n'a plus à se prolonger.

La raison est mauvaise. Nous avons été trompés trop de fois pour ne l'être pas encore ; la main gauche, tout au moins, reprendrait ce qu'aurait donné la droite, et le peuple, encore une fois évincé, serait une fois de plus la victime des mensonges et de la trahison.

Voyez, en effet, ce que le gouvernement fait déjà !

Il vient de jeter à la Chambre, par la voix de Jules Favre, le plus épouvantable appel à la guerre civile, à la destruction de Paris par la province, et déverser sur nous les calomnies les plus odieuses.

CITOYENS,

Notre cause est juste, notre cause est la vôtre ; joignez-vous donc à nous pour son triomphe. Ne prêtez pas l'oreille aux conseils de quelques hommes soldés qui cherchent à semer la division dans nos rangs ; et, enfin, si vos convictions sont autres, venez donc protester par des bulletins blancs, comme c'est le devoir de tout bon citoyen.

Déserter les urnes n'est pas prouver qu'on a raison ; c'est, au contraire, user de subterfuge pour s'assimiler, comme voix d'abstentions, les défaillances des indifférents, des paresseux ou des citoyens sans foi politique.

Les hommes honnêtes répudient d'habitude de semblables compromissions.

Avant l'accomplissement de l'acte après lequel nous devons disparaître, nous avons voulu tenter cet appel à la raison et à la vérité.

Notre devoir est rempli.

Hôtel-de-Ville, 24 mars 1871.

(Suivent les signatures.)

N° 26.

CITOYENS,

Demain aura lieu l'élection de l'Assemblée communale; demain, la population de Paris viendra confirmer de son vote l'expression de sa volonté, si ouvertement manifestée le 18 mars par l'expulsion d'un pouvoir provocateur qui semblait n'avoir d'autre but que d'achever l'œuvre de ses prédécesseurs et de consommer ainsi, par la destruction de la République, la ruine du pays.

Par cette révolution sans précédents dans l'histoire et dont la grandeur apparaît chaque jour davantage, Paris a fait un éclatant effort de justice. Il a affirmé l'union indissoluble dans son esprit des idées d'ordre et de liberté, seuls fondements de la République.

A ceux que nos désastres avaient rendus maîtres de nos destinées et qui s'étaient donné pour tâche d'annuler sa vie politique et sociale, Paris a répondu par l'affirmation du droit imprescriptible de toute cité, comme de tout pays, de s'administrer soi-même, de diriger les faits de sa vie intérieure, municipale, laissant au gouvernement central l'administration générale, la direction politique du pays.

Il n'y a pas de pays libre là où l'individu et la cité ne sont pas libres; il n'y aurait pas de République en France si la capitale du pays n'avait pas le droit de s'administrer elle-même.

C'est ce droit, qu'on n'oserait contester aux plus modestes bourgades, que l'on ne veut pas reconnaître à Paris, parce que l'on craint son amour de la liberté, sa volonté inébranlable de maintenir la République que la révolution communale du 18 mars a affirmée, et que vous confirmerez par votre vote de demain.

Huit jours se sont écoulés depuis que Paris s'est délivré, depuis que la grande cité est maîtresse d'elle-même, et huit jours de liberté sans contrainte ont montré à tout juge impartial de quel côté était l'amour de l'ordre, la conscience du droit.

Né de la revendication de justice qui a produit la révolution du 18 mars, le Comité central a été installé à l'Hôtel-de-Ville, non comme gouvernement, mais comme la sentinelle du peuple, comme le comité de vigilance et d'organisation, tenu de veiller à ce qu'on n'enlevât pas au peuple, par surprise ou intrigue, le fruit de sa victoire, chargé d'organiser la manifestation définitive de la volonté populaire, c'est-à-dire l'élection libre d'une assemblée qui représente, non pas seulement les idées, mais aussi les intérêts de la population parisienne.

Le jour même où l'assemblée communale sera installée, le jour où les résultats du scrutin seront proclamés, le Comité central déposera ses pouvoirs, et il pourra se retirer, fier d'avoir rempli son devoir, heureux d'avoir terminé sa mission.

Quant à Paris, il sera vraiment l'arbitre de ses destinées; il aura trouvé, dans son assemblée communale, l'organe nécessaire pour représenter ses intérêts et les défendre en face des intérêts des autres parties du pays, et devant le pouvoir national central.

Il pourra résoudre lui-même, après enquêtes et débats contradictoires, sans immixtions injustes et violentes, où les notions de droit et de justice sont impudemment violées au profit des factions monarchiques, ces questions si complexes d'intérêts communaux et privés, devenues plus complexes et plus délicates encore après la longue épreuve qu'il vient de subir si courageusement pour sauver le pays.

Il pourra enfin décider lui-même quelles sont les mesures qui permettront au plus tôt, sans froissements et sans secousses, d'amener la reprise des affaires et du travail.

Une République ne vit ni de fantaisies administratives coûteuses, ni de spéculations ruineuses, mais de liberté, d'économie, de travail et d'ordre. La République doit établir l'harmonie des intérêts, et non les sacrifier les uns aux autres. Les questions d'échéances, de loyers, ne peuvent être réglées que par les représentants de la ville, soutenus par leurs concitoyens, toujours appelés, toujours entendus. Pas plus que tout ce qui regarde les intérêts de la cité, elles ne peuvent être abandonnées aux caprices d'un pouvoir qui n'obéit le plus souvent qu'à l'esprit de parti.

Il en est de même de la question du travail, du travail, seule base de la vie publique, seule assise des affaires honnêtes et loyales; les citoyens, qu'une guerre engagée et soutenue par des gouvernements sans contrôle a arrachés au travail, ne peuvent être plongés, par une brusque suppression de solde, dans la misère et dans le chômage.

Il y a une période de transition dont on doit tenir compte, une solution qui doit être cherchée de bonne foi, un devoir de crédit au travail, qui arrachera le travailleur à une misère immédiate et lui permettra d'arriver rapidement à son émancipation définitive.

Ces questions et bien d'autres devront être résolues par votre conseil municipal, et, pour chacune d'elles, il ne pourra se décider que suivant les droits de tous, car il ne se prononcera qu'après les avoir consultés, car, responsable et révocable, il sera sous la surveillance continuelle des citoyens.

Enfin, il aura à traiter des rapports de la cité avec le gouvernement central, de façon à assurer et garantir l'indépendance et l'autonomie de la commune.

Au vote donc, citoyens ; que chacun de vous comprenne la grandeur du devoir qui lui incombe, de l'acte qu'il va accomplir, et qu'il sache qu'en jetant dans l'urne son bulletin de vote, il fonde à jamais la liberté, la grandeur de Paris, il conserve à la France la République, et fait pour la République ce que naguère il faisait si vaillamment devant l'ennemi : son devoir.

25 mars 1871.

Les délégués à l'intérieur :

Ant. ARNAUD, Ed. VAILLANT.

N° 27.

Le club de l'École de médecine, le Comité républicain du 6e arrondissement et l'Association républicaine du 6e arrondissement viennent d'envoyer une députation de six membres porter à l'Hôtel-de-Ville une communication invitant le Comité central à s'assurer, auprès des députés et des maires élus :

Que la concession faite par l'Assemblée de Versailles, reconnaissant le Comité central et accordant aux députés et aux maires pleins pouvoirs pour mettre les élections à jeudi n'est pas un piége, tout retard des élections étant préjudiciable à la cause de la Commune et du Comité.

Prière de s'assurer qu'il s'agit bien de la Commune politique, et non simplement de la municipalité.

L'Assemblée dit que, puisque les députés et les maires ont pleins pouvoirs, ils doivent mettre les élections à dimanche. En effet, le club s'est ému; il a, dit-il, le droit d'être méfiant; nous avons été souvent trompés, le 31 octobre, par exemple, et encore, à cette heure, on cherche à diviser la garde nationale.

L'Assemblée, le Comité et l'Association opinent donc :

1° Pour que les élections soient maintenues à dimanche;

2° Pour que les barricades restent jusqu'à la constitution de la Commune municipale.

Lu et voté à l'unanimité et par la salle tout entière. L'épreuve contraire ne donne pas une seule voix.

Président : citoyen ROLLAND.

Premier assesseur et secrétaire : Ch. ROUSSOT.

Deuxième assesseur : LEGROS.

Voici la réponse du Comité central :

CITOYENS,

Le Comité central maintient fermement ses principes et ses actes. Les élections auront lieu dimanche, et sans aucun compromis avec les députés et les maires.

Le Comité central est d'accord *absolument* avec le club de l'École de médecine, le Comité du 6e arrondissement et l'Association républicaine.

Par délégation :

Le secrétaire général et les membres du comité,

G. ARNOLD, C. GAUDIER, GRELIER, FOUGERET.

N° 28.

COMITÉ DE CONCILIATION

CITOYENS,

En face des effroyables périls qui menacent la patrie et la République, qu'importe une question de forme et de vaine légalité ?

Le scrutin seul peut mettre un terme à une crise qui serait autrement sans issue. Le scrutin seul peut calmer les esprits, pacifier la rue, raffermir la confiance, assurer l'ordre, créer une administration régulière, conjurer enfin une lutte détestable où, dans des flots de sang, sombrerait la République.

Nous adjurons les maires d'appeler eux-mêmes Paris au scrutin et de convoquer, au nom du salut public, les électeurs pour dimanche.

Nous adjurons les représentants de Paris d'appuyer et de soutenir cette initiative des maires.

Nous adjurons tous les républicains de s'unir à nous dans notre œuvre d'apaisement et de conciliation.

VIVE LA RÉPUBLIQUE !

A. RANC, ancien maire du 9e arrondissement, ancien représentant de la Seine ; Ulysse PARENT, ancien adjoint du 9e arrondissement ; Georges AVENEL, publiciste ; Léonce LEVRAUD, docteur-médecin, etc., etc.

N° 29.

Paris, 24 mars 1871.

CITOYEN RÉDACTEUR,

J'appuie de toutes mes forces l'avis du *comité de conciliation* et la lettre de Malon.

Depuis le premier jour, j'ai dit à tous et partout qu'il fallait aller au scrutin.

Des élections sont la seule solution possible — la seule qui puisse donner à Paris les garanties auxquelles il a droit, et nous sauver de l'escamotage qu'on prépare à Versailles — en évitant de plus la guerre civile.

Le 18 mars n'était pas une *révolution* dans le sens ordinaire du mot, le mouvement provoqué par l'attaque du gouvernement ayant adopté un programme essentiellement parisien et municipal ; — mais le 18 mars avait créé une *situation révolutionnaire* dont il fallait sortir vite et bien.

Ceux qui ne le comprennent pas ont manqué de sens politique, et compromettraient tout, s'ils persistaient dans un amour inopportun de la prétendue légalité.

Il faut voter dimanche.

Que tout le monde aille au scrutin : — les uns, parce que le Comité central le demande ; — les autres, par amour de la patrie et du travail ; — tous, parce que c'est un droit absolu et une nécessité de premier ordre.

Si l'on avait adopté cette résolution sage et patriotique dès le début, il y a maintenant huit jours que Paris serait rentré dans son état normal, avec quelques libertés essentielles de plus — après avoir rempli un grand acte de légitime défense et sauvé la République.

Salut fraternel.

Arthur ARNOULD,
Ancien adjoint du 4e arrondissement.

N° 30.

RÉPUBLIQUE FRANÇAISE

A NOS CONCITOYENS

Nous, députés de Paris, adressons la communication suivante :

Un appel à la conciliation a-t-il encore quelques chances d'être écouté ?

Malgré les passions aveugles mises en jeu, il nous a semblé que le moment était précisément venu où les esprits pouvaient et devaient entendre le langage de la raison.

Quelle que fût l'attitude de la majorité de l'Assemblée nationale, personne ne pouvait supposer que, résistant aux impérieuses nécessités de la situation, nos législateurs allassent jusqu'à rejeter les légitimes réclamations de Paris ; et cependant, en n'indiquant les élections municipales que pour le 10 avril, n'est-ce pas comme s'ils voulaient ouvrir la porte à deux battants à la guerre civile ?

Que demande, en effet, le peuple de Paris ? Son droit, rien que son droit.

Les points sur lesquels porte le désaccord, en apparence, le voici : c'est l'institution d'un conseil municipal à Paris et l'élection des chefs supérieurs de la garde nationale ; en réalité, c'est une lutte entre la monarchie et la République. A quel titre, sans cela, Paris pourrait-il être mis hors la loi commune, et moins bien traité que le dernier village de France?

C'est ce que personne ne comprend dans les faubourgs et dans les quartiers du centre, le scrutin de liste par arrondissement assurant à chaque quartier l'équitable représentation de ses intérêts particuliers.

Quant à l'élection de l'état-major de la garde nationale, elle répond à des habitudes, à des traditions, à des principes qui datent de 1789 ; et si l'on considère les déplorables choix faits depuis le 4 septembre par le pouvoir exécutif, on se demande comment l'adoption du système électif pourrait donner jamais d'aussi tristes résultats. Ensuite, venait la question des échéances, si malencontreusement résolue par l'Assemblée, ainsi que celle des loyers, que la main paternelle d'un conseil municipal pourra seule liquider à la satisfaction commune.

Ces demandes sont tellement fondées qu'on aurait peine à concevoir la résistance qu'elles rencontrent dans l'Assemblée de Versailles, si, comme nous l'avons dit, ce n'était pas un prétexte choisi par les amis de la monarchie pour combattre la République.

Si l'Assemblée avait adhéré dans le principe, et sans réserve, à l'institution républicaine, l'entente eût été bien facile. Loin de là, nous voyons la majorité refuser avec éclat d'insérer le mot de République dans ses proclamations, et manquer à toutes les convenances quand il arrive à la gauche de le prononcer.

C'est là qu'est le véritable nœud de la difficulté, et tout ce que le pouvoir a fait pour envenimer les dissentiments et pousser à la guerre civile n'a d'autre but que de préparer une restauration monarchique. La réaction n'en veut, dit-elle, qu'aux faubourgs ; cela n'est pas vrai : elle en veut à toute la population parisienne, parce que la population parisienne est, dans son immense majorité, décidée à conserver la République envers et contre tous. Est-ce que nous calomnions le grand parti de l'ordre ? Il suffit de remarquer l'accueil injurieux que la droite vient de faire aux représentants des municipalités parisiennes, qui, frappés de suspicion pour la plupart, dans le parti populaire, n'en sont pas moins bafoués par les intraitables de la réaction.

Les journaux de la conspiration monarchiste ne se gênent pas, d'ailleurs, pour annoncer la chute prochaine de M. Thiers et son remplacement par le duc d'Aumale, en attendant l'intronisation du comte de Paris.

Oui, voilà pourquoi, depuis trois semaines, on a tout fait pour semer la discorde dans Paris ; voilà pourquoi on a repoussé toutes les transactions, pourquoi on veut armer les citoyens les uns contre les autres ; car il ne faut pas l'oublier, si du sang a été versé, c'est la réaction qui a armé les bras et porté les premiers coups à Montmartre comme à la place Vendôme.

Puisque l'Assemblée de Versailles n'a pu se résigner à accepter pour dimanche l'élection du conseil municipal de Paris, non pas sur des bases décisives présentées par le ministre Picard, mais dans des conditions d'autonomie régulière et complète, en ce qui touche les intérêts municipaux de Paris, nous ne saurions trop engager nos concitoyens à ne pas perdre un moment pour choisir leurs candidats et créer les listes d'arrondissement. S'ils veulent écouter nos conseils, ils se garderont d'être exclusifs ; ils comprendront que pour diriger une administration municipale aussi compliquée que celle de Paris, il ne suffit pas d'afficher des opinions démocratiques ; il faut encore posséder l'esprit d'ordre et la connaissance des affaires.

Il faut surtout que les noms placés sur les listes républicaines soient irréprochables ; car, pendant que la réaction a des trésors d'indulgence pour les plus grands misérables, voleurs publics, faussaires ou traîtres, du moment qu'ils servent à leurs passions, elle est merveilleusement habile à exploiter contre les républicains les calomnies les plus infâmes.

Ceux qui se rattachent à l'action du Comité central, comme ceux qui ne l'acceptent pas, ont un intérêt égal à chercher dans la libre expression du suffrage universel une solution légale et pacifique.

Devant les nouveaux élus, le Comité de l'Hôtel-de-Ville s'efface aussitôt, et Paris, représenté par ses mandataires, n'obéit plus qu'à lui-même.

Alors tout devient facile, tout est sauvé ; autrement, c'est le chaos, c'est l'abîme et la guerre civile.

Donc, au nom de la patrie, au nom de la République, au nom des femmes et des enfants qui ont souffert mille morts pendant le siége, nous supplions nos concitoyens de voter pour des candidats républicains.

Pas d'autre moyen d'arrêter l'incendie qui, sans cela, peut s'allumer d'un instant à l'autre ; pas d'autre moyen de sauver la République et la liberté, de nous épargner les effroyables malheurs d'une bataille fratricide dans nos rues.

Courons aux urnes, et que la manifestation qui en sortira soit assez éclatante en faveur de la République pour que s'évanouissent du même coup les projets de restauration monarchique et les projets de guerre civile qui en sont les préliminaires habituels.

Un dernier mot : les hommes du 4 septembre, les traîtres qui, le 28 janvier, ont livré Paris et la France aux Prussiens, sont encore au pouvoir. Cela seul dit aux électeurs de Paris qui les ont vus à l'œuvre, qui ont supporté le poids de leurs crimes, que leur premier devoir est de voter comme un seul homme pour un conseil municipal républicain.

Vive la République une et indivisible !

Paris, 25 mars 1871.

Fr. COURNET, Ch. DELESCLUZE, E. RAZOUA,
représentants de la Seine.

N° 31.

COMITÉ CENTRAL

CITOYENS,

Entraînés par notre ardent désir de conciliation, heureux de réaliser cette fusion, but incessant de tous nos efforts, nous avons loyalement ouvert à ceux qui nous combattaient une main fraternelle. Mais la continuité de certaines manœuvres, et notamment le transfert nocturne de mitrailleuses à la mairie du 2e arrondissement, nous obligent à maintenir notre résolution première.

Le vote aura lieu dimanche 26 mars.

Si nous nous sommes mépris sur la pensée de nos adversaires, nous les invitons à nous le témoigner, en s'unissant à nous dans le vote commun de dimanche.

Hôtel-de-Ville, 25 mars 1871.

Les membres du Comité central.
(Suivent les signatures.)

N° 32.

RÉPUBLIQUE FRANÇAISE

Liberté, Égalité, Fraternité.

Paris, 25 mars 1871.

CITOYENS,

Dans Paris, où le pouvoir législatif a refusé de siéger, d'où le pouvoir exécutif est absent, il s'agit de savoir si le conflit qui s'est élevé entre des citoyens également dévoués à la République doit être vidé par la force matérielle ou par la force morale.

Nous avons conscience d'avoir fait tout ce que nous pouvions pour que la loi ordinaire fût appliquée à la crise exceptionnelle que nous traversons.

Nous avons proposé à l'Assemblée nationale toutes les mesures de conciliation propres à apaiser les esprits et à éviter la guerre civile.

Vos maires élus se sont transportés à Versailles et se sont faits l'écho des réclamations légitimes de ceux qui veulent que Paris ne soit pas tout à la fois déchu de sa situation de capitale et privé des droits municipaux qui appartiennent à toutes les villes, à toutes les communes de la République.

Ni vos maires élus, ni vos représentants à l'Assemblée nationale, n'ont pu réussir à obtenir une conciliation.

Aujourd'hui, placés entre la guerre civile pour nos concitoyens et une grave responsabilité pour nous-mêmes, décidés à tout plutôt qu'à laisser couler une goutte de ce sang parisien que naguère vous offriez tout entier pour la défense et l'honneur de la France, nous venons vous dire : Terminons le conflit par le vote, non par les armes.

Votons, puisqu'en votant nous nous donnons le conseil municipal élu que nous devrions avoir depuis plusieurs mois.

Votons, puisqu'en votant nous investirons du pouvoir municipal des républicains honnêtes et énergiques qui, en sauvegardant l'ordre dans Paris, épargneront à la France le terrible danger des retours offensifs de la Prusse et les tentatives téméraires des prétentions dynastiques.

Nous avons dit hier à l'Assemblée nationale que nous prendrions sous notre responsabilité toutes les mesures qui pourraient éviter l'effusion du sang.

Nous avons fait notre devoir, en vous disant notre pensée.

VIVE LA FRANCE ! VIVE LA RÉPUBLIQUE !

Les représentants de la Seine présents à Paris.

N° 33.

Les députés de Paris, les maires et adjoints élus réintégrés dans les mairies de leurs arrondissements, et les membres du Comité central fédéral de la garde nationale, convaincus que, pour éviter la guerre civile, l'effusion du sang à Paris, et pour affermir la République, il faut procéder à des élections immédiates, convoquent les électeurs, demain dimanche, dans leurs collèges électoraux.

Le scrutin sera ouvert à huit heures du matin et fermé à minuit.

Les habitants de Paris comprendront que, dans les circonstances actuelles, ils doivent tous prendre part au vote, afin que ce vote ait le caractère sérieux qui, seul, peut assurer la paix dans la cité.

Les représentants de la Seine présents à Paris :

G. LOCKROY, Ch. FLOQUET, G. CLÉMENCEAU, TOLAIN, GREPPO.

N° 34.

Le Comité central de la garde nationale, auquel se sont ralliés les députés de Paris, les maires et adjoints, convaincus que le seul moyen d'éviter la guerre civile, l'effusion du sang à Paris, et, en même temps, d'affermir la République, est de procéder à des élections immédiates, convoque, pour demain dimanche, tous les citoyens dans les colléges électoraux.

Les habitants de Paris comprendront que, dans les circonstances actuelles, le patriotisme les oblige à venir tous au vote, afin que les élections aient le caractère sérieux qui, seul, peut assurer la paix dans la cité.

Les bureaux seront ouverts à huit heures du matin et fermés à minuit.

Vive la République !

Les maires et adjoints de Paris :

1er arrondissement : Ad. ADAM, MÉLINE, adjoints. — *2e arrond. :* Emile BRELAY, LOISEAU-PINSON, adjoints. — *3e arrond. :* BONVALET, maire ; Ch. MURAT, adjoint. — *4e arrond. :* VAUTRAIN, maire ; DE CHATILLON, LOISEAU, adjoints. — *5e arrond. :* JOURDAN, COLLIN, adjoints. — *6e arrond. :* A. LEROY, adjoint. — *9e arrond. :* DESMAREST, maire ; E. FERRY, André NAST, adjoints. — *10e arrond. :* A. MURAT, adjoint. — *11e arrond. :* MOTTU, maire ; BLANCHON, POIRIER, TOLAIN, adjoints. — *12e arrond. :* GRIVOT, maire ; DENIZOT, DUMAS, TURILLON, adjoints. — *13 arrond. :* COMBES, Léo MEILLET, adjoints. — *15e arrond. :* JOBBÉ-DUVAL, Sextus MICHEL, adjoints. — *16e arrond. :* CHAUDET, SEVESTRE, adjoints. — *17e arrond. :* F. FAVRE, maire ; MALON, VILLENEUVE, CACHEUX, adjoints.

— *18e arrond.* : Clémenceau, maire ; J.-A. Lafont, Lefèvre, Jaclard, adjoints. — *19e arrond.* : Devaux, Satory, adjoints.

Les représentants de la Seine présents à Paris :

Lockroy, Floquet, Tolain, Clémenceau, V. Schœlcher, Greppo.

Le Comité central de la garde nationale :

Avoine fils, Ant. Arnaud, G. Arnold, Assi, Andignoux, Bouit, J. Bergeret, Babick, Boursier, Barou, Billioray, Blanchet, Castioni, Chouteau, C. Dupont, Fabre, Ferrat, H. Fortuné, Fleury, Fougeret, C. Gaudier, Gouhier, H. Géresme, Grelier, Grolard, Jourde, Josselin, Lavalette, Lisbonne, Maljournal, E. Moreau, Mortier, Prudhomme, Rousseau, Ranvier, Varlin.

N° 35.

VILLE DE PARIS

2e ARRONDISSEMENT. — Mairie de la Bourse, rue de la Banque.

Paris, le 25 mars 1871.

Par suite de la résolution prise par MM. les députés et les maires de Paris, les élections municipales se feront demain dimanche.

Veuillez faire connaître à vos lecteurs que les fonctions de maires et adjoints ne sont pas incompatibles avec celles des conseillers municipaux.

Veuillez agréer, monsieur le directeur, l'assurance de mes sentiments distingués.

Le Maire du 2e arrondissement,

Loiseau.

N° 36.

AVIS AUX ÉLECTEURS

Le Comité central rappelle aux électeurs que le scrutin ne doit être clos qu'à minuit.

Les électeurs qui seront de service hors de leur arrondissement devront se réunir soit par compagnie, soit par bataillon, constituer un bureau électoral, procéder au vote, et en envoyer le résultat à la mairie de leur arrondissement.

Les électeurs de service dans leur arrondissement devront voter dans leurs sections respectives.

Les chefs de poste sont chargés de délivrer les permissions nécessaires à cet effet, de manière à ne pas entraver le service.

Hôtel-de-Ville, le 26 mars 1871.

Pour les membres du Comité :
CHOUTEAU, BOUIT, MOREAU.

N° 37.

APPEL AU PEUPLE DE PARIS

En face de la réaction qui proclame la déchéance de Paris, qui prépare l'anéantissement de la République, en ameutant contre elle l'invasion des campagnes après l'invasion prussienne, il ne faut pas que les républicains s'entre-égorgent.

Dans la confusion actuelle, inévitable résultat de nos immenses désastres, des dissentiments se sont élevés entre nous. Des incidents désagréables ont surgi entre les républicains qui suivent le Comité central de l'Hôtel-de-Ville et les républicains qui suivent la députation et les mairies. On s'est mutuellement reproché d'être sorti de la légalité, de la légalité qu'il est pourtant impossible d'observer en pleine révolution.

Quel que soit le bien fondé ou l'exagération des récriminations réciproques, nous ne voulons pas d'une lutte terrible et fatale, nous ne voulons pas que notre République se noie dans le sang des républicains.

Citoyens électeurs, en tant que gardes nationaux, vous avez nommé le Comité central ; en tant qu'habitants de Paris, vous avez nommé vos députés et vos municipalités. Eh bien ! vos représentants et mandataires n'ont pas le droit de risquer dans les hasards d'une bataille des rues l'existence d'une République qu'ils compromettent déjà par leurs maladresses.

Peuple souverain, c'est à toi qu'il appartient de mettre fin à la lutte entre tes mandataires, en les soumettant à une prompte réélection ; c'est à toi de juger le différend et de faire tomber ton verdict du haut de l'urne électorale.

Notre salut est dans l'union et dans la concorde. Entre républicains, entre concitoyens et Français, ce n'est point aux fusils ni aux canons de prononcer, mais au suffrage universel.

CITOYENS, AU SCRUTIN !

Paris, 25 mars 1871.

Elie RECLUS, F.-D. LEBLANC, Elisée RECLUS, Paul RECLUS.

N° 38.

VILLE DE PARIS

Mairie du 20e arrondissement

Citoyens du 20e arrondissement,

Nous venons prendre à votre mairie le poste auquel votre confiance nous avait appelés, et qui, jusqu'ici, avait été occupé par une commission provisoire.

L'admirable victoire qui a remis le peuple parisien en possession de son indépendance communale n'est encore qu'incomplète.

Il nous faut soutenir énergiquement notre droit à l'autonomie municipale contre tous les empiètements arbitraires, illégaux, des pouvoirs politiques.

La majorité de nos collègues aux mairies de Paris et quelques députés de Paris prétendent que nous ne pouvons élire nos conseillers municipaux, sans que l'Assemblée de Versailles ait statué sur notre droit à faire des élections.

Cette prétention, insoutenable en bonne justice, est le fruit d'une erreur complète de principes et d'une confusion flagrante de pouvoirs.

Le droit que possède chaque commune d'élire sa municipalité est imprescriptible et inaliénable. Ce droit, toutes les communes de France, excepté Paris, l'exercent, et il n'a pu vous être ravi que par l'abominable despotisme de l'Empire.

Paris a reconquis son droit de municipalité libre par sa dernière révolution; malheur à qui essaierait de le lui reprendre!

Cette entreprise insensée, criminelle, serait le signal de la guerre civile. Nous ne voulons plus que notre sang coule dans des luttes fratricides entre Français. C'est pourquoi nous ne voulons plus dans Paris d'autre armée que la garde nationale, d'autre municipalité que celle librement élue par le peuple.

Nous vous convoquons donc pour demain dimanche, 26 mars, à l'effet d'élire dans le 20e arrondissement quatre représentants au conseil communal de Paris.

En même temps que cette affiche, en paraît une autre où nous vous indiquons le mode de votation et le lieu de vote pour chaque section de l'arrondissement.

Citoyens, les hommes que vous avez chargés de défendre provisoirement vos intérêts, et qui siégent en ce moment à l'Hôtel-de-Ville, vivent de leurs trente sous de gardes nationaux, eux et leurs familles.

C'est la première fois qu'un tel exemple de désintéressement se produit dans l'histoire.

Faites en sorte de nommer des hommes aussi dévoués, aussi honnêtes, et vous aurez sauvé la France.

Vive la République démocratique et sociale, universelle!

Paris, le 25 mars 1871.

L'adjoint,
Gustave FLOURENS.

Le maire,
RANVIER.

N° 39.

Ve ARRONDISSEMENT DE PARIS

Mairie du Panthéon.

CITOYENS,

Il y a peu de jours, votre municipalité était déserte ; — les hommes que vous aviez élus au 4 novembre, quand triomphaient les idées de réaction, sentant le courage revenir au peuple, se sont enfuis tour à tour.

Sur le désir de nos amis du Comité central, nous avons remplacé cette municipalité défaillante.

Nous l'avons fait au moment où de tristes compétitions, des menées qui se couvrent d'un prétendu amour de l'ordre et de la légalité, préparaient peut-être une lutte armée et allaient involontairement, sans doute, ramener ces tristes journées, non oubliées de vous, où le sang du peuple inondait nos rues.

Malgré ces démonstrations hostiles, malgré les calomnies que nous dédaignons, nous sommes restés inébranlables dans nos sentiments de rapprochement et d'entente.

Nous avons réussi. La paix est faite, les malentendus expliqués, et toute chance de danger, nous l'espérons, éloignée à jamais.

Mais la paix dans les rues reste insuffisante si elle ne s'accompagne pas de l'accord dans les esprits, de l'homogénéité dans le conseil qui va gérer vos intérêts.

Les hommes du 4 septembre ont laissé consommer la défaite, ruiné ou compromis les destinées de la France.

Défiez-vous, citoyens, de ceux qui ont été leurs complices, leurs collaborateurs ou même leurs adhérents, — de ceux qui, sous couleur de respecter l'*ordre*, de défendre la *légalité*, prennent parti pour une Assemblée monarchique, née sous cette double influence : la peur et la pression prussienne.

Écartez de vous ceux qui regardent comme une *voie fatale* l'œuvre de salut que vous accomplissez dans un admirable accord.

Déjà vous avez les grands centres; bientôt le pays entier sera avec vous.

Électeurs du 5e arrondissement, vous prouverez par votre vote que vous vous associez à cette force immense, récemment révélée, qui résulte de l'union, de la fédération de la garde nationale; — que vous ne blâmez pas ces jeunes citoyens dont l'énergie, le talent, la probité et l'audace heureuse ont subitement transformé une situation et vaincu la vieille politique.

Les autres classes, en réduisant le pays aux plus tristes extrémités, ont désormais donné la mesure de leur impuissance et de leur caducité; — elles ont perdu le droit de se dire les seules classes gouvernementales.

Laissez arriver l'honnêteté, le travail, la justice; — ouvrez les portes au prolétariat instruit, au vrai peuple, à la seule classe pure encore de nos fautes et de nos déchéances, à la seule, enfin, capable de sauver le pays.

Les adjoints provisoires,
ACONIN, MURAT.

Le Maire provisoire,
D. Th. RÉGÈRE.

N° 40.

Citoyens,

Notre mission est terminée; nous allons céder la place, dans votre Hôtel-de-Ville, à vos mandataires réguliers.

Aidés par votre patriotisme et votre dévoûment, nous avons pu mener à bonne fin l'œuvre difficile entreprise en votre nom. Merci de votre concours persévérant; la solidarité n'est plus un vain mot : le salut de la République est assuré.

Si nos conseils peuvent avoir quelque poids dans vos résolutions, permettez à vos plus zélés serviteurs de vous faire connaître, avant le scrutin, ce qu'ils attendent du vote aujourd'hui.

Citoyens,

Ne perdez pas de vue que les hommes qui vous serviront le mieux sont ceux que vous choisirez parmi vous, vivant de votre vie, souffrant des mêmes maux.

Défiez-vous autant des ambitieux que des parvenus ; les uns comme les autres ne consultent que leur propre intérêt et finissent toujours par se considérer comme indispensables.

Défiez-vous également des parleurs ; incapables de passer à l'action, ils sacrifieront tout à un discours, à un effet oratoire ou à un mot spirituel. — Évitez également ceux que la fortune a trop favorisés, car trop rarement celui qui possède la fortune est disposé à regarder le travailleur comme un frère.

Enfin, cherchez des hommes aux convictions sincères, des hommes du peuple résolus, actifs, ayant un sens droit et une honnêteté reconnue. — Portez vos préférences sur ceux qui ne brigueront pas vos suffrages ; le véritable mérite est modeste, et c'est aux électeurs à connaître leurs hommes et non à ceux-ci à se présenter.

Nous sommes convaincus que si vous tenez compte de ces observations, vous aurez enfin inauguré la véritable représentation populaire, vous aurez trouvé des mandataires qui ne se considéreront jamais comme vos maîtres.

Hôtel-de-Ville, 25 mars 1871.

Le Comité central de la garde nationale :

Avoine fils, Ant. Arnaud. G. Arnold, Assi, Andignoux, Bouit, J. Bergeret, Babick, Baroud, Billioray, Boursier, Blanchet, Castioni, Chouteau, C. Dupont, Fabre, Ferrat, Fleury, Fougeret, C. Gaudier, Gouhier, H. Géresme, Grelier, Grolard, Josselin, F. Jourde, Lavalette, H. Fortuné, Maljournal, E. Moreau, Mortier, Prudhomme, Rousseau, Ranvier, Varlin.

N° 41.

COMITÉ ÉLECTORAL DU 18e ARRONDISSEMENT

COMPOSÉ

DES DÉLÉGUÉS DE TOUS LES GROUPES RÉPUBLICAINS

DE L'ARRONDISSEMENT.

CITOYENS,

Les promoteurs insensés de la güerre, réunis aux misérables complices de la paix, osent se rassembler sur nos boulevards, pour y semer le désordre et provoquer la guerre civile.

Ils inscrivent sur leur drapeau : « Ordre public. » Restauration de la devise orléaniste.

A leur suite, les journaux monarchistes de toutes les nuances, groupés dans une vaste coalition, ont publié un manifeste ridicule demandant à la révolution quel est son droit légal.

Nous leur demandons, à notre tour, quel était le droit de 1789, de 1830, de 1848 et du 4 septembre.

Sinon le droit de la révolution !

Nous leur demandons, en outre, quel était le droit du 18 brumaire et du 2 décembre.

Attentats devant lesquels ils se sont si platement inclinés.

D'autre part, tandis qu'un ministre faussaire essaie d'épouvanter les travailleurs par des mensonges et des menaces, notre représentation se laisse circonvenir, les municipalités abandonnent vos intérêts ; l'arbre bourgeois, frappé de phthisie, semble condamné à ne plus donner que des fruits véreux.

En présence des dernières manœuvres de la réaction aux abois, de ses cris d'agonie de bête fauve blessée à mort, répondons par un cri unanime :

AU SCRUTIN !

Sachez-le bien, si vous faiblissez, si vous désertez votre propre cause, c'en est fait pour longtemps de la révolution, et demain la République aura succombé. Donc, citoyens, au scrutin quand même, et que pas un de vous ne manque à l'appel.

Des candidatures absolument honorables suffiront d'ailleurs à nous venger des ridicules calomnies déversées contre nous.

Le 18e arrondissement a sept membres à déléguer au conseil municipal de Paris ; nous vous proposons, au mandat impératif, les candidatures suivantes :

(Suivent les noms des candidats.)

Les membres du Comité central du 18e arrondissement.

(Suivent les signatures.)

N° 42.

ÉLECTIONS

Du Jeudi 23 Mars

POUR LE

CONSEIL COMMUNAL DE PARIS

6e ARRONDISSEMENT

LISTE

Votée à l'unanimité

PAR LE

CLUB DE L'ÉCOLE DE MÉDECINE

EDM. GOUPY,
LACORD,
ARMAND LÉVY,
ROGEARD,
VARLIN.

Pour extrait conforme au procès-verbal de la séance du mercredi soir 22 mars.

Le président : A. SEMPÉ.
Les assesseurs : DIGUES, Alex. ANDRESCO.
Le secrétaire : ROUSSOT.

N° 43.

MANIFESTE

DU

COMITÉ DES VINGT ARRONDISSEMENTS

Paris, par la révolution du 18 mars, par l'effort spontané et courageux de sa garde nationale, a reconquis son autonomie, c'est-à-dire le droit d'organiser sa force publique, sa police et son administration financière.

Au lendemain de la défaite sanglante et désastreuse que la France vient de subir, comme le châtiment de soixante-dix ans d'empire, de monarchie, de réaction cléricale, parlementaire, autoritaire et centralisatrice, notre patrie se relève, ressuscite, commence une ère nouvelle, et reprend la tradition des anciennes communes et de la Révolution française, cette tradition qui lui a donné la victoire, mérité le respect et la sympathie des nations dans le passé, et qui lui donnera l'indépendance, la richesse, la gloire pacifique et l'amour des peuples dans l'avenir.

Jamais heure ne fut plus solennelle. Cette révolution, que nos pères ont commencée et que nous achevons, poursuivie à travers les siècles avec tant d'abnégation et d'héroïsme par les artisans du moyen âge, par les bourgeois de la Renaissance, par les combattants de 1789, qui a coûté la vie à tant de héros glorieux ou obscurs, va se consommer sans lutte sanglante, par la toute-puissance de la volonté populaire, qui va se prononcer souverainement en déposant son bulletin dans l'urne.

Pour assurer le triomphe de l'idée révolutionnaire et communale dont nous poursuivons le pacifique accomplissement, il importe d'en déterminer les principes généraux et d'en formuler le programme que nos mandataires devront réaliser et défendre.

La Commune est la base de tout état politique, comme la famille est l'embryon des sociétés.

Elle doit être autonome, c'est-à-dire se gouverner et s'administrer elle-même suivant son génie particulier, ses traditions, ses besoins ; exister comme personne morale, conservant dans le groupe politique, national et fédéral, son entière liberté, son caractère propre, sa souveraineté complète, comme l'individu au milieu de la cité.

Pour s'assurer le développement économique le plus large, l'indépendance et la sécurité nationale et territoriale, elle peut et doit s'associer, c'est-à-dire se fédérer avec toutes les autres communes ou associations de communes qui composent la nation. Elle a pour la décider les affinités de race, le langage, la situation géographique, la communauté de souvenirs, de relations et d'intérêts.

L'autonomie de la Commune garantit au citoyen la liberté, l'ordre à la cité, et la fédération de toutes les communes augmente, par la réciprocité, la force, les débouchés et les ressources de chacune d'elles, en la faisant profiter des efforts de toutes.

C'est cette idée communale, poursuivie dès le XIIe siècle, affirmée par la morale, le droit et la science, qui vient de triompher le 18 mars 1871.

Elle implique, comme forme politique, la République,

seule compatible avec la liberté et la souveraineté populaire;

La liberté la plus complète de parler, d'écrire, de se réunir et de s'associer;

Le respect de l'individu et l'inviolabilité de sa pensée;

La souveraineté du suffrage universel, restant toujours maître de lui-même et pouvant se convoquer et se manifester incessamment;

Le principe de l'élection appliqué à tous les fonctionnaires ou magistrats;

La responsabilité des mandataires, et par conséquent leur révocabilité permanente;

Le mandat impératif, c'est-à-dire précisant et limitant le pouvoir et la mission du mandataire.

En ce qui concerne Paris, ce mandat peut être ainsi déterminé :

Réorganisation immédiate des districts de la cité, suivant la situation industrielle et commerciale de chaque quartier;

Autonomie de la garde nationale, formée de tous les électeurs, nommant tous ses chefs et son état-major général, conservant l'organisation civile et fédérative, représentée par le Comité central, et à laquelle la révolution du 18 mars doit son triomphe;

Suppression de la Préfecture de police; surveillance de la cité exercée par la garde nationale, placée sous les ordres immédiats de la Commune;

Suppression, quant à Paris, de l'armée permanente, aussi dangereuse pour la liberté civique qu'onéreuse pour l'économie sociale;

Organisation financière qui permette à la ville de Paris de disposer entièrement et librement de son budget, sous réserve de sa part de contributions dans les dépenses générales et services publics, et qui répartisse suivant le droit et l'équité les charges du contribuable d'après les services reçus ;

Suppression de toutes subventions favorisant les cultes, les théâtres ou la presse ;

Propagation de l'enseignement laïque, intégral, professionnel, conciliant la liberté de conscience, les intérêts, les droits de l'enfant avec les droits et la liberté du père de famille ;

Ouverture immédiate d'une vaste enquête établissant la responsabilité incombant aux hommes publics dans les désastres qui viennent d'accabler la France, précisant la situation financière, commerciale, industrielle et sociale de la cité, le capital et les forces dont elle dispose, les ressources dont elle jouit, et fournissant les éléments d'une liquidation générale et amiable nécessaire à l'acquittement de l'arriéré et à la reconstruction du crédit ;

Organisation d'un système d'assurance communale contre tous les risques sociaux, y compris le chômage et la faillite ;

Recherche incessante et assidue des moyens les plus propres à fournir au producteur le capital, l'instrument de travail, les débouchés et le crédit, afin d'en finir pour toujours avec le salariat et l'horrible paupérisme, afin d'éviter à jamais le retour des revendications sanglantes et des guerres civiles, qui en sont les conséquences fatales.

Tel est le mandat que nous donnons et que nous vous demandons, citoyens, de donner à vos élus. S'ils le remplissent comme ils le doivent, avec intelligence et fidélité, Paris sera devenu, par la révolution radieuse et fraternelle du 18 mars, la cité la plus libre et la plus heureuse entre toutes les villes, non pas seulement la capitale de la France, mais la capitale du monde.

C'est à vous, citoyens, à consommer pacifiquement avec la fierté et le calme de la souveraineté l'acte qui sera peut-être le plus grand que doive voir le siècle et qu'aura vu l'histoire, en allant déposer dans l'urne le bulletin de vote qui affirmera votre capacité, votre idée, votre force.

Pour et par délégation du Comité des vingt arrondissements :

Pierre DENIS, DUPAS, LEFRANÇAIS, Édouard ROULLIER, Jules VALLÈS.

Liste du Comité.

1er *arrond.* Andrieux, Grandjean, Napias-Piquet, Vésinier.

2e — Serailler, Jacques Durand, Johannard, Eugène Pottier.

3e — Antoine Arnaud (Comité central), Demay, statuaire; Clovis Dupont, Pindy.

4e — Lefrançais, Adolphe Clémence, E. Gérardin, Amouroux, Arthur Arnould.

5e — Édouard Roullier, Francis Jourde (Comité central), Th. Régère, Murat (délégué des Écoles), Longuet.

6e — Ch. Beslay, Ed. Vaillant, Varlin, Lacord (Comité central), Rogeard.

7e — Brunel, délégué à la guerre; Ch. Lallement, Parisel, Toussaint.

8e *arrond.* Raoul Rigault, Bestetti, P. Denis, Édouard Moreau.

9e — Ranc, Briosne, G. Duchêne, Casimir Bouis.

10e — F. Gambon, Babick (Comité central), Henri Fortuné (Comité central), Rastoul, Champy, Félix Pyat.

11e — Avrial, Émile Eudes, Henri Mortier, Protot, Cluseret, Minet.

12e — Lacambre, A. Baroud (Comité central), Montels, Géresme, Hubert (Comité central).

13e — Léo Melliet, Frankel, Chardon, E. Duval.

14e — Martelet, Billioray, Decamps.

15e — Jules Vallès, Chauvière, Clément, teinturier.

16e — . . . .

17e — Maljournal (Comité central), Granger, P. Grousset, Gaillard, Alph. Humbert, Mégy, G. Brideau.

18e — Blanqui, Theisz, Dupas, J.-B. Clément, Dereure, Th. Ferré, Vermorel.

19e — Oudet, Lavalette (Comité central), Puget, P. Mallet.

20e — Ranvier, Dumont, Jules Bergeret, Tridon.

Nº 44.

ASSOCIATION INTERNATIONALE

DES TRAVAILLEURS.

SECTIONS DU PANTHÉON ET DU 13e ARRONDISSEMENT RÉUNIES.

Citoyens,

Les membres des sections fédérées du Panthéon et du 13e arrondissement réunies déclarent approuver complètement les résolutions prises par le comité des vingt arrondissements, publiées dans le *Cri du Peuple*..... Ils engagent tous les citoyens honnêtes et amis de l'ordre véritable, c'est-à-dire celui basé sur l'intérêt de tous, à ne pas s'abstenir du vote, qui seul peut donner à nos représentants municipaux le droit d'affirmer haut et ferme, devant l'Assemblée de Versailles, les actes conquis par la révolution du 18 mars.

Le secrétaire correspondant,

TARDIF-MARTIAL, avenue d'Italie, 48.

Paris, 24 mars 1871.

N° 45.

UNION RÉPUBLICAINE CENTRALE

Les soussignés, membres fondateurs de l'*Union*, invitent leurs concitoyens à aller voter demain, 26 mars. C'est le salut de la République.

DUPONT (de Bussac), ancien représentant;
L.-L. VAUTHIER, ancien représentant;
DEBAIN, ancien représentant;
CH. FAUVETY;
SONGEON;
GUÉRIN;
LABOUR;
FLAMET, etc.

N° 46.

Paris, 24 mars 1871.

CHERS CITOYENS,

A peine arrivé, je tombe dans un lit de maladie, et suis réduit à contempler la lutte où se décide le sort de la République et de la France. Permettez à mon anxieuse impuissance de vous communiquer ses craintes.

Nous touchons à la crise. Le danger n'est plus Thiers, Favre ou Vinoy, pas même Picard.

Les tendres intentions de ces Messieurs, leur bonne foi, leur patriotisme sont appréciés de tous à leur juste valeur.

Le péril est dans l'appui inconscient ou voulu prêté aux nomades de Versailles par certains maires et députés de Paris.

Qu'il y ait de l'aveuglement chez quelques-uns, je n'en doute pas. Ils n'en sont pas moins aujourd'hui le seul espoir de la réaction intelligente, sa carte suprême.

La logique des situations et des partis est impitoyable. La gauche et les maires de Paris, adversaires du mouvement parisien et souteneurs quand même du cabinet Bordeaux-Versailles, avaient derrière eux toutes les nuances monarchiques, depuis Trochu jusqu'à Canrobert, depuis Vacherot jusqu'à Conti. Ce sont les alliés qui expliquent le drapeau. Vous ne faites pas preuve de liberté ni de progrès, si vous recevez les compliments du *Constitutionnel* et l'aide de Quevauvilliers et de Villemessant.

Le plan a manqué grâce à l'emportement des hobereaux de la droite ; tandis que les malins Thiers et consorts caressaient savamment les recrues de la dernière heure, les ultras, fidèles à la doctrine de Martinville, ont repoussé avec violence des auxiliaires où ils ne voyaient que transfuges suspects.

Rendons hommage à la franchise des chouans. Si tous ces marquis de Sottenville et ces barons d'Escarbagnas n'avaient pas pris par les épaules nos renégats, ils se fussent faits avec délices les serfs des Vinoy et des Favre, les rabatteurs des assassins de leurs frères. Ils ne viennent aujourd'hui à nous que par dépit.

Cette attitude d'un groupe dont on pouvait espérer

mieux est douloureuse. Elle ne doit pas arrêter votre marche en avant. Il faut prendre son parti des défections, et suivre le bon sens et le courant populaires.

Pourtant, on pouvait, à certains symptômes, prévoir ce brusque revirement. Hier encore, les représentants de Paris mendiaient, pour leurs électeurs, à une Chambre introuvable, la Commune et l'élection de leurs chefs. C'était retourner à la Charte octroyée et aux fleurs de lys.

Les droits de commune et d'élection sont imprescriptibles et inaliénables. Nul n'a pouvoir de les dénier ni de les accorder. Demander à une autorité quelconque ce qui est notre bien, c'est lui reconnaître implicitement le droit de nous le retirer à son heure, et fiez-vous aux paroles des honnêtes et modérés... Rappelez-vous le 31 octobre.

On m'assure que d'aucuns maires (il en est jusqu'à deux que je pourrais nommer), grisés par les applaudissements aristocratiques, se sont drapés dans des toges toutes romaines, et ne parlaient de rien moins que de brûler la cervelle à leurs administrés récalcitrants.

Pourquoi réserver ces nobles colères à l'effet des seuls républicains et ne pas leur avoir donné cours du temps de Favre ou Trochu, où elles auraient pu sauver Paris et la France? Il ne suffit pas de mettre en accusation sur le papier un gouvernement auquel on vient ensuite tendre la perche au moment critique.

Pas de pire écueil que l'équivoque; parlez-moi de situations nettes. Aussi, en dépit des efforts de la ruse et du sophisme, il n'y a que deux partis, l'avenir et le passé; et qui n'est pas pour l'un est nécessairement contre lui. Tout essai de conciliation, tenté même de meilleure foi entre ces champions séculaires, ne recouvre que désastre ou guet-apens. Peu importe la main amie ou scélérate qui vous mène à l'abîme : la chute est la même.

Il y a pourtant une certaine justice dans ces épouvantables catastrophes. Le fléau déchaîné frappe à la fois, mais d'un faix inégal, le guide niais ou traître, et sa trop confiante victime : Cayenne ou la Roquette pour l'insurgé surpris; les plages de Wight ou la retraite délicieuse de Spa pour l'ambitieux tombé avec la République... Après s'être servi de ces précieux instruments, la réaction défiante et furieuse les met vite au rancart jusqu'à nouvelle occasion.

L'impatience des verdicts de la droite a démasqué avant l'heure cette manœuvre chérie des parlementaires.

Les leçons de l'histoire n'en sont pas moins lettre morte. Après quatre-vingts ans de déceptions et de mensonges, nous revoici au baiser Lamourette, qui n'a jamais été qu'un baiser de Judas. Ne lisais-je pas ce matin qu'en ces derniers jours, où Tirard et ses chevaliers de la Banque portaient le rameau d'olivier au Comité central, leur général nautique Saisset allait prendre livraison de quatorze mitrailleuses Montigny, 2, rue Mandar? Veillez, prolétaires, sur ces engins de conciliation et de concorde. Gare aux Saint-Barthélemy bourgeoises, tramées avec les embrassades et les serments! Vous êtes sur vos gardes. Le serez-vous demain?

Salut et fraternité.

G. TRIDON,
Représentant démissionnaire.

N° 47.

25 mars 1871.

CITOYENS,

Élu le 7 novembre dernier comme adjoint à la mairie du 20e arrondissement, je n'ai pu prendre possession de mon poste jusqu'au 18 mars.

Depuis ce jour, et ne voulant point entraver par la moindre hésitation l'action qui venait de s'engager par le fait même de ceux qui nous taxaient d'être un gouvernement anarchique, je me suis abstenu de me rendre à la mairie du 20e arrondissement, ce qui me constitue par le fait à l'état de démissionnaire.

Aujourd'hui que la révolution du 18 mars est un fait accompli et reconnu, j'ai l'honneur de vous adresser, à vous citoyens, seuls représentants du pouvoir communal à cette heure, ma démission d'adjoint à la mairie du 20e arrondissement, démission que je n'eusse jamais consenti, par respect pour les électeurs qui m'avaient honoré de leurs suffrages, à donner à M. Picard.

Salut et fraternité.

G. LEFRANÇAIS,

Adjoint démissionnaire
à la mairie du 20e arrondissement.

(Lettre adressée aux membres du Comité central.)

No 48.

RÉPUBLIQUE FRANÇAISE.

GARDES NATIONAUX,

On vous ment effrontément ; ne vous laissez pas pousser dans l'abîme.

On vous appelle en ce moment pour assassiner vos frères, et ce sont ceux qui vous ont arrêtés dans votre sublime élan à Choisy, au Bourget, à Montretout.

On vous dit que les hommes du Comité veulent le désordre.

C'est un mensonge. Le Comité réclame et veut un droit que vous avez réclamé vous-mêmes depuis trente ans : un Conseil communal ou municipal administrant votre cité et contrôlant vos administrateurs, vos juges, vos généraux, les rendant responsables de leurs actes, de leurs exactions, de leurs détournements, de leurs trahisons.

Ils craignent donc bien ce contrôle, les malheureux qui, pour nous empêcher de manifester notre volonté par le suffrage universel, arment Français contre Français, après avoir mis la France désarmée à la merci de la Prusse !

Ils vous demandent de soutenir vos élus à la municipalité, prétendant que le Comité veut les attaquer. Ils mentent encore. Le Comité ne veut que les faire contrôler par un conseil composé d'autres élus du suffrage universel, et cela leur fait peur.

Ils se disent vos amis ! Ils mentent toujours, car ils soutiennent, s'ils n'en sont les agents provocateurs, l'Assemblée monarchique qui a chassé Garibaldi et tous vos députés de son sein, par son ignoble conduite.

Citoyens, le sang a déjà coulé ! Si vous écoutez leur dire, si vous prenez les armes au lieu du bulletin de vote, si vous allez attaquer vos concitoyens au lieu d'aller aux réunions électorales, d'où sort la vérité, ce sont encore vos femmes et vos enfants qui seront victimes de la réaction.

Que leur importe ? Ne sont-ils pas derrière les remparts, ou du moins derrière vos sextuples remparts de baïonnettes ?

Ah ! qu'ils nous mènent donc plutôt combattre contre la Prusse, que vous ne pourrez jamais satisfaire et que vous pourrez vaincre ; qu'ils nous aident à consolider la République, qui n'est que sur leurs lèvres, tandis qu'elle est dans nos cœurs ; et alors, le premier, je prendrai les armes, pour leur prouver que les pères de famille savent mourir pour la République, mais jamais, non, jamais ! pour assassiner leurs frères !

A bas les armées réactionnaires ! Vive la République ! Vive la Commune !

LACAILLE.

N° 49.

Aux Électeurs de Paris.

CITOYENS,

Vous avez fait une révolution sans exemple dans l'histoire.

Votre révolution du 18 mars a un caractère spécial qui la distingue des autres.

Sa grandeur originale, c'est d'être toute populaire, toute collective, *communale*.... une révolution en commandite, anonyme, unanime, et pour la première fois sans gérants.

Rien de personnel, d'individuel! Ni surprise, ni coup de main, ni attentat, ni coup d'État!... Une œuvre massive et forte comme l'auteur, le peuple.

Un pouvoir naturel, spontané, ni forcé, ni faussé, né de la conscience publique, de la *vile multitude* provoquée, attaquée, et mise à l'état de légitime défense; un pouvoir qui ne doit rien à l'influence des noms, à l'autorité des gloires, au prestige des chefs, à l'artifice des partis, qui doit tout au droit.

Le gouvernement du peuple, par le peuple et pour le peuple; votre gouvernement!

Tous ses membres sont inconnus : ce défaut est son mérite!

Quel nom connu aurait groupé dans son halo deux cent vingt bataillons de la garde nationale?

Quel chef de parti aurait attiré tout Paris dans son orbite?

Les rayons d'astres s'entre-nuisent; les passions des chefs de parti se repoussent.

Les obscurs seuls peuvent agir par pur amour du devoir, sans prétention ni exclusion, s'entendre et s'associer pour l'action commune : les œuvres immortelles, comme la loi des Douze-Tables, sont de pères inconnus.

Cette révolution neuve, ce pouvoir jeune et rénovateur de notre vieille France, devant lequel tout orgueil tombe, qui rend tout nom modeste et tout génie mineur, ce gouvernement m'inspire une telle foi par la force de ses actes, que je me sens devenir ministériel... Mais à quoi bon? Il n'a que faire de mes louanges, et j'y serais gauche ; j'aime mieux lui dire qu'il a manqué faire une faute en écoutant les noms.

Il a hésité un moment devant l'autorité des gloires, qui l'eût mené à l'autorité des ducs.

Heureusement, il est revenu de son erreur ; et, sans plus tarder, il vous appelle au scrutin aujourd'hui!

Allez-y! Mieux vaut voter que tuer!

Aujourd'hui le vote! Sinon, demain le fusil! Et quand l'outil?

Les royalistes, incapables de sauver la France, sont capables de perdre Paris pour tuer la République. Ils ont démembré la France; ils l'ont décapitée. Amis de l'ennemi contre les patriotes, alliés des Prussiens contre les Parisiens. C'est la tradition : mêmes hommes, mêmes haines! Petits-pères ou petits-crevés, la Banque contre la Commune, la réaction contre la révolution.

Le vote unanime, imposant, écrasant, peut seul empêcher la lutte et assurer le travail.

Pas d'abstention!

Contre cette jeunesse dorée de 71, fils des sans-culottes de 92, je vous dirai donc comme Desmoulins :

« Électeurs, à vos urnes! »

Ou, comme Henriot :

« Canonniers, à vos pièces! »

Félix PYAT.

N° 50.

APPEL SUPRÊME

A LA POPULATION PARISIENNE.

Nous avons fondé ce journal dans le but spécial de nous interposer pour éviter la guerre civile.

Éviter à tout prix la guerre civile, tel a été depuis le premier jour et tel est encore notre unique programme.

Le salut de la République, de Paris, de la France, sera à ce prix.

La guerre civile, dont la perspective avait été un instant éloignée, devient de minute en minute plus imminente.

Les provocations, venues de Versailles, ont obtenu un premier résultat :

Paris est divisé en deux camps; les deux camps sont en armes et se menacent.

Déjà le sang a coulé aujourd'hui.

Ce n'a été qu'une escarmouche; mais en écrivant ces lignes, nous ne savons pas encore si nous pourrons arriver à la fin de cet article sans que la bataille s'engage.

Et la bataille sera épouvantable, terrible. Nous aurons la guerre des rues, avec des horreurs inconnues jusqu'à ce jour, car on ne se battra plus à coups de fusil, comme autrefois, mais à coups de canon.

Ce qu'il y a de plus terrible, c'est que l'on se battra sans savoir pourquoi l'on se bat; c'est qu'il n'y a aucune cause sérieuse de bataille.

Il n'y a, en réalité, dans la situation, qu'un immense et funeste malentendu.

On veut reprendre l'Hôtel-de-Ville aux hommes qui s'en sont emparé.

Mais ces hommes ne demandent pas à conserver le pouvoir.

Ils y ont été appelés, non par leur volonté, mais par la force des choses.

Ils se sont empressés de convoquer les électeurs pour le leur remettre.

Vous êtes la majorité ; ce pouvoir qui vous a échappé par un coup de force ou de hasard, mais surtout par la désertion de ceux à qui vous en aviez confié la garde, vous pouvez le ressaisir en allant déposer un bulletin de vote, et vous préférez le reprendre à coups de fusil !

N'est-ce pas vous qui aurez voulu la guerre civile?

Je vous en conjure, citoyens, si mon langage vous choque, poursuivez néanmoins la lecture de cet article.

Je ne veux qu'une chose, et vous la voulez comme moi : éviter la guerre civile.

Je n'ai pas de parti pris. Mais il faut bien raisonner un peu, examiner la situation, la discuter pour trouver une issue, et c'est cette issue que je cherche en ce moment avec vous.

Vous ne voulez pas voter, pour ne pas paraître pactiser avec l'émeute, comme dit M. Picard.

Mais, prenez-y garde, en ne répondant pas à l'appel aux armes qui vous était adressé mercredi par le gouvernement, vous vous êtes ainsi rendus solidaires, — il ne faut pas vous le dissimuler, — sinon de l'émeute, du moins de la situation qui a été créée par le triomphe du mouvement insurrectionnel et la retraite précipitée du gouvernement.

Il ne s'agit plus aujourd'hui de récriminer.

Il y a un fait accompli. Il faut en prendre son parti, ou plutôt en tirer le meilleur parti possible.

Il faut d'autant plus s'exécuter de bonne grâce, que les plus irrités nous accorderont bien qu'ils l'ont échappé belle, et qu'ils ont lieu de se féliciter de ne pas en avoir vu de pires depuis dimanche, depuis que le pouvoir, déserté par M. Thiers, a été abandonné à l'émeute, à ceux dénoncés à la population parisienne comme des *communistes* et des *pillards*.

Mais la guerre civile, le carnage, le pillage, les représailles sanglantes, toutes les horreurs qui ont été si heureusement évitées, faut-il, maintenant que le plus grand péril a été écarté, les provoquer de gaîté de cœur?

Y a-t-il donc à Paris des gens qui soient à ce point altérés de sang et possédés d'une criminelle folie?

Nous ne le pensons pas.

Que le gouvernement qui s'est mis à l'abri de Versailles, et qui a une double rancune à satisfaire contre la population parisienne, qui veut se venger de ce qu'elle l'a repoussé aux dernières élections et de ce qu'elle l'a abandonné lorsqu'il lui a adressé son appel contre les faubourgs, — que le gouvernement veuille nous pousser à ces extrémités, qui lui prépareraient sa revanche et satisferaient sa vengeance, cela est peu généreux de sa part assurément, mais cela ne se comprend que trop.

Mais la population parisienne tombera-t-elle dans ce piége ?

Elle a le plus grand intérêt à résoudre pacifiquement la question, tandis que Versailles a intérêt au contraire à ce que la question ne se résolve pas pacifiquement. Le gouvernement a son amour-propre engagé ; or, il n'y a rien d'intraitable et d'implacable comme la vanité des hommes médiocres.

Les membres du gouvernement l'ont répété sur tous les tons : ils aiment mieux affronter toutes les horreurs de la guerre civile, ou plutôt exposer les Parisiens à toutes ces horreurs, que de paraître transiger avec l'émeute.

Et pour Versailles, l'émeute, ce ne sont pas seulement les faubourgs insurgés ; ce sont aussi les quartiers du centre, qui ont favorisé l'insurrection en ne prêtant pas leur concours au gouvernement pour la réprimer à l'origine. Il est juste que les uns et les autres reçoivent leur châtiment, un châtiment exemplaire, qui serve de leçon pour l'avenir.

Voilà pourquoi le gouvernement s'est opposé aux élections immédiates, qui étaient le seul moyen d'éviter la guerre civile.

Mais cette obstination de l'Assemblée et du gouvernement ne doit-elle pas nous ouvrir les yeux ?

Allons-nous donc nous entr'égorger par ce seul motif que l'Assemblée de Versailles, au lieu de nous tendre la main pour nous sauver, a voulu se donner le cruel plaisir de nous voir dévorer entre nous ?

Mais pourquoi donc nous dévorerions-nous ? pourquoi

nous égorgerions-nous? pourquoi engagerions-nous la bataille?

Pourquoi, je vous le demande?

Vous ne voulez pas supporter plus longtemps le gouvernement du Comité de l'Hôtel-de-Ville!

Mais le Comité de l'Hôtel-de-Ville ne prétend point exister comme gouvernement; il ne demande point qu'on le reconnaisse. Il ne demande qu'une chose: c'est de remettre son pouvoir au suffrage universel librement consulté.

Vous voulez bien voter, mais vous ne voulez pas voter sur la convocation du gouvernement de l'Hôtel-de-Ville.

Vous aimez mieux la guerre civile!

Est-ce bien possible? Y avez-vous bien réfléchi?

Mais enfin, il y a des scrupules qu'il ne faut pas discuter.

D'ailleurs, les événements qui se sont passés aujourd'hui rendent la conciliation très-difficile, sinon impossible, sur ce terrain.

Mais, encore une fois, il faut à tout prix éviter la guerre civile.

Et il doit être facile de l'éviter, puisque personne ne la veut, quoique tous y marchent avec aveuglement.

Il faut aviser au plus vite, car il ne faut pas se dissimuler que les élections d'aujourd'hui, si elles n'aboutissent pas, vont créer une situation extrêmement périlleuse.

Le Comité de l'Hôtel-de-Ville sera en quelque sorte poussé par la force des choses, par le soin impérieux de sa préservation personnelle, par l'impossibilité de donner une issue régulière à la situation; le Comité de l'Hôtel-de-

Ville, disons-nous, sera inévitablement poussé à agir dictatorialement.

Nous en avons déjà vu quelque chose aujourd'hui.

Et ce n'est que le commencement.

Que va-t-il arriver ?

Si la population parisienne, qui n'a pas voulu soutenir le gouvernement de M. Thiers, ne veut pas soutenir le Comité de l'Hôtel-de-Ville, il faut alors qu'elle s'affirme elle-même ; autrement elle est perdue, car elle est très-réellement prise entre deux feux, entre l'enclume et le marteau.

Qu'elle se hâte, car tout à l'heure il sera tard. Il ne lui restera plus qu'à se rendre à discrétion à Versailles ou à l'Hôtel-de-Ville. Et, extrémité plus terrible encore, avant de se rendre à discrétion, elle sera massacrée à discrétion.

On frémit d'y penser !

Les députés et les maires ont fait une tentative pour sauver la situation.

Mais leur affiche d'hier matin ne fait que constater le conflit qui rend la guerre civile inévitable.

Ils se bornent à nous supplier d'attendre, en nous faisant espérer une solution.

Mais peut-on attendre ?

Les députés ont mal posé la question à l'Assemblée de Versailles.

Ils devaient puiser dans la force des circonstances autorité pour imposer la transaction qu'ils venaient poser.

L'Assemblée de Versailles a bien subi l'*ultimatum* des Prussiens. La concession qu'elle avait cru pouvoir faire pour mettre un terme à la guerre extérieure, à plus forte raison devait-elle la faire pour prévenir la guerre civile, d'autant plus que le droit de Paris n'est pas contesté : il n'y a qu'une simple question de dignité plus ou moins bien placée.

Il n'est pas possible que pour cette simple susceptibilité on s'égorge dans les rues de Paris.

Voilà ce que devaient dire les députés de Paris.

Et si l'Assemblée s'obstinait dans son funeste entêtement, alors les députés de Paris devaient déclarer qu'au-dessus de l'autorité légitime de l'Assemblée il y avait le droit supérieur du salut public.

Et s'inspirant de cette nécessité, ils devaient prendre l'initiative eux-mêmes pour sauver la situation.

Des manifestations soi-disant pacifiques comme celle d'hier ne peuvent que provoquer le désordre sous le prétexte du rétablissement de l'ordre ; elles ne peuvent que fournir un prétexte à la guerre civile. Il y a des situations où les fusils partent tout seuls. Dans ces situations, il importe d'agir avant tout avec réserve et prudence.

Mais ce qu'il y avait à faire, ce qu'il y a encore à faire, c'est un appel adressé à la population parisienne par les hommes autorisés à lui parler, pour qu'elle nomme sans délai un, deux, trois ou six plénipotentiaires chargés de traiter en son nom, soit avec l'Hôtel-de-Ville, soit avec Versailles, pour mettre fin à une situation qui ne peut se prolonger.

Si une semblable initiative était prise, cette proposition rallierait tous les hommes des deux partis, et ils forment l'immense majorité, qui sont pris dans l'engrenage de la guerre civile, et qui cependant ont un désir ardent d'éviter la bataille, car ils sentent qu'elle serait épouvantable, impie, parce qu'elle serait engagée sans motifs, et qu'elle resterait totalement sans résultat, ou plutôt que, de quelque côté que soit la victoire, elle ne pourrait avoir que les plus funestes résultats.

Que les élus de Paris, qui pouvaient tout sauver en agissant dès le début avec résolution, qui ont tout compromis par leurs hésitations et leurs indécisions, sachent enfin agir avec vigueur.

Une immense responsabilité pèse sur eux, la responsabilité du salut de Paris et de la France, du salut de la République.

C'est une idée pratique que je viens d'émettre.

Il faut aviser à l'exécuter, et à l'exécuter au plus vite.

Faisons du moins une dernière tentative de conciliation avant d'engager la bataille.

Si cette tentative est faite sérieusement, par des hommes pénétrés de l'importance de leur mandat, elle aboutira infailliblement.

Songez-y, citoyens ; et si ce n'est dans aucun sentiment politique, puisez du moins dans le sentiment de votre propre conservation et de la sauvegarde de tous vos intérêts l'énergie nécessaire pour faire un suprême et décisif effort.

A. VERMOREL.

N° 51.

AU SCRUTIN!

CITOYENS,

Le scrutin est ouvert.

N'écoutez pas ceux qui vous prêchent l'abstention : ce sont ces conseillers de malheur qui vous ont donné les journées de juin, le 2 décembre, Sedan, Metz, la capitulation de Paris, cinq milliards à payer, deux provinces perdues et la honte.

Ne les écoutez pas, parce que leur passé vous répond de leurs intentions présentes.

Ne les écoutez pas, parce que l'abstention, c'est le suicide politique.

N'êtes-vous pas libres de donner vos voix à ceux qui représentent vos idées? Et voulez-vous, en vous refusant le droit de voter, vous décerner à vous-mêmes un brevet de nullité ou de servitude?

Vous aspirez à la possession de vos franchises municipales : prenez-les donc. Et rappelez-vous que jamais, dans aucun temps, il n'y eut de droits politiques indestructibles, sinon ceux que le peuple a conquis par lui-même.

Hommes libres, au scrutiu!

Au scrutin ! vous tous qui avez trois termes à payer et qui voulez voir régler cette question selon l'équité et la justice.

Au scrutin ! négociants petits et gros, que l'inepte loi des échéances menace d'une flétrissure imméritée.

Au scrutin ! citoyens paisibles, amis de l'ordre, qui voulez fermer l'ère des troubles, des coups d'État et de collisions sanglantes.

Au scrutin ! ouvriers et patrons, qui voulez la reprise du travail, parce que le travail est le pain et la dignité de l'homme.

Au scrutin, en un mot, tous ceux qui pensent, tous ceux qui voient que le vote seul de la cité peut mettre fin à la crise présente !

Vive l'ordre ! Vive Paris libre dans l'État libre !

A. Breuillé, G. Caulet, Ch. Dacosta, G. Dacosta, Simon Dereure, A. Grandier, P. Grousset, E. Morot, Olivier Pain, L. Picard, Albert Regnard, Raoul Rigault, L. Ronsin, P. Vésinier.

N° 52.

La GRANDE LISTE du *PÈRE DUCHÊNE*.

(6 germinal.)

1er *arrondt*. F. Pyat, Delescluze, Andrieux, Grandjean.

2e — Ranc, Vaillant, Rogeard, F. Pyat.

3e — A. Arnaud, Theisz, Avrial, Briosne.

4e — Lefrançais, Duval, Assi, Maljournal, Bergeret.

5e — Leverdays, Th. Murat, Longuet, Rogeard, Pierron.

6e — Varlin, Beslay, Rogeard, A. Humbert, Vaillant.

7e — A. Arnaud, Vaillant, Duval, Eudes.

8e — Vaillant, Denis, Longuet, Lefrançais.

9e — Ranc, Beslay, Malon, Delescluze.

10e *arrond*t. Pyat, Gambon, H. Fortuné, Champy, Babick, Rastoul. (Ayant tous accepté le mandat impératif.)

11e — Protot, P. Denis, Eudes, Avrial, Assi, Briosne.

12e — Tridon, Theisz, Lefrançais, Eudes.

13e — L. Meillet, Frankel, Chardon, Duval.

14e — Billioray, Brideau, Lacord.

15e — Brideau, Clément, teinturier ; J. Vallès.

16e — Vaillant, Pyat.

17e — Mégy, A. Humbert, Maljournal, Tridon, Dupont, Granger, E. Levraud.

18e — Theisz, J.-B. Clément, Dereure, Dupas, Vermorel, Th. Ferré.

19e — Oudet, Lavalette, Eudes, P. Mallet.

20e — Bergeret, Dumont, Lefrançais, Tridon.

BLANQUI en tête de tous les arrondissements.

N° 53.

ÉLECTIONS COMMUNALES.

LISTE DE LA **Caricature.**

Eudes.	Varlin	Géresme.	Rogeard.
Granger.	Teullière (E.).	Grollard.	Tibaldi.
Roullier (Éd.).	Arnaud (A.).	Josselin.	Murat.
Lefrançais.	Arnold (G.).	Jourde.	Levraud (Ed.).
Oudet.	Bouis.	Lisbonne.	Lacambre.
Vallès (J.).	Babick.	Lavalette.	Clément (J.-B.).
Malon.	Boursier.	Maljournal.	Cremer.
Duval.	Baron.	Moreau.	Désessart.
Vaillant (Ed.).	Billioray.	Mortier.	Pyat.
Jaclard.	Larochette.	Prud'homme.	Bordone.
Avrial.	Villeneuve (E.).	Rousseau.	Chardon.
Theisz.	Blanchet.	Viard.	Vergnaud.
Tridon.	Castioni.	Brunereau.	Mouton.
Leverdays.	Dupont (E.).	Piazza.	Humbert (A.).
Regnard.	Ferrat.	Brunel.	Genton.
Ranc.	Fortuné (H.).	Blanqui.	Meillet (L.).
Lullier (Ch.).	Fabre.	Gambon.	Tolain.
Vésinier.	Fougeret.	Cluseret.	Pindy.
Assi.	Gaudier (C.).	Malézieux.	Macdonal.
Ranvier.	Gouhier.	Longuet.	

N° 54.

Le citoyen Viard, délégué du Comité central, qui, dans les réunions publiques, s'était désisté de sa candidature, a été fort surpris d'apprendre que son nom avait figuré sur certaines listes portant des noms d'une signification politique différente.

(Note à l'*Officiel du Soir,* 29 mars.)

N° 55.

Paris, 26 mars 1871.

CITOYEN RÉDACTEUR,

Je vous prie de vouloir bien faire parvenir à la connaissance des électeurs du 15e arrondissement que je n'accepte pas la candidature portée sur la liste de notre municipalité.

C'est à mon insu que MM. les adjoints ont accolé leurs noms au mien.

Nos opinions politiques diffèrent trop pour que je puisse laisser croire à mes concitoyens qu'il existe entre ces Messieurs et moi le moindre rapport.

Agréez, citoyen, avec mes remercîments anticipés, mes saluts fraternels.

Vive la République sociale!

HENRIOT.

(*Cri du Peuple,* 28 mars.)

N° 56.

MAIRIE DE PARIS

Au Rédacteur en chef du CRI DU PEUPLE.

CITOYEN RÉDACTEUR,

Je vois, en lisant votre liste de propositions, que vous avez bien voulu me désigner aux électeurs du 8e arrondissement. Je l'ai su trop tard pour pouvoir m'en défendre avant que mon nom ne fût imprimé, ce que j'ai fait pour un autre arrondissement, le 4e, à la réunion générale des délégués de compagnies.

J'ai reçu un mandat limité, je l'ai rempli, et je le dépose au jour dit, afin de prouver que je sais tenir ma parole. Je ne suis pas assez connu dans la démocratie pour n'avoir pas besoin de donner un gage de bonne foi avant d'accepter une nouvelle mission.

Veuillez, Monsieur le rédacteur, avec mes remercîments, agréer l'assurance de ma considération distinguée.

Édouard MOREAU,
Membre du Comité central.

N° 57.

RÉPUBLIQUE FRANÇAISE

LIBERTÉ, ÉGALITÉ, FRATERNITÉ

COMITÉ ÉLECTORAL

CITOYENS,

Depuis longtemps la presque totalité des habitants est rentrée dans la commune.

Il importe donc de procéder sans retard à la nomination de notre municipalité.

Le maire provisoire de Saint-Ouen ayant refusé de se soumettre aux invitations qui lui ont été faites de se rendre à son poste, il n'est plus possible de retarder les élections municipales.

Nous avons à nommer vingt-trois conseillers municipaux, dans lesquels le conseil élu choisira un maire et deux adjoints.

Nous invitons tous nos concitoyens à se réunir immédiatement, pour faire leurs réunions préparatoires et dresser leurs listes de candidats.

Le comité électoral a décidé que les élections auront lieu jeudi prochain, 30 mars.

Le scrutin sera ouvert de six heures du matin à huit heures du soir.

Le vote aura lieu à la mairie. On votera au moyen de la dernière carte d'électeur, ou sur l'attestation de deux témoins connus du bureau.

Nous supplions tous nos concitoyens de se mettre en garde contre les menées malveillantes ou réactionnaires qui ne manqueront pas d'être faites pour les induire en erreur.

Nous les engageons à diriger leurs votes sur des citoyens dont la moralité et le passé soient sans reproches, et habitant la commune depuis assez longtemps pour en connaître les besoins.

Sachons tous faire notre devoir en cette circonstance ; le bien-être et la bonne administration de notre commune en dépendent.

Nous comptons sur le patriotisme de la population entière de la commune pour nous appuyer et nous soutenir dans tout ce que nous demandons pour le bien-être général de tous les habitants.

VIVE LA FRANCE ! VIVE LA RÉPUBLIQUE !

Les délégués de la garde nationale,

LIGNEREUX, KERMANN, DUCHER, VAILLANT, MOULY, DANIEL, PORTIER, DIEUMEGARD, DUPONT, LEGRAND, DUCHEMIN, ALLARD, MONTAUZÉ, COCHENER, SÉJOURNÉ, GRANGER.

N° 58.

RÉPUBLIQUE FRANÇAISE

QUARTIER GÉNÉRAL DES GARDES NATIONALES DE LA SEINE.

MM. les chefs de bataillon et MM. les capitaines de compagnie faisant fonctions de chefs de bataillon sont priés de se rendre, le dimanche 26 mars, au Grand-Hôtel, boulevart des Capucines, à onze heures.

Le lieutenant-colonel, chef d'état-major par intérim,
DE BEAUFOND.

N° 59.

RAPPORT
DE LA
COMMISSION DES ÉLECTIONS

Paris, 30 mars 1871.

La commission qui a été chargée de l'examen des élections a dû examiner les questions suivantes :

Existe-t-il une incompatibilité entre le mandat de

député à l'Assemblée de Versailles et celui de membre de la Commune?

Considérant que l'Assemblée de Versailles, en refusant de reconnaître la Commune élue par le peuple de Paris, mérite par cela même de ne pas être reconnue par cette Commune ;

Que le cumul doit être interdit;

Qu'il y a, du reste, impossibilité matérielle à suivre les travaux des deux Assemblées,

La commission pense que les fonctions sont incompatibles.

Les étrangers peuvent-ils être admis à la Commune?

Considérant que le drapeau de la Commune est celui de la République universelle ;

Considérant que toute cité a le droit de donner le titre de citoyen aux étrangers qui la servent;

Que cet usage existe depuis longtemps chez des nations voisines ;

Considérant que le titre de membre de la Commune étant une marque de confiance plus grande encore que le titre de citoyen, comporte implicitement cette dernière qualité,

La commission est d'avis que les étrangers peuvent être admis et vous propose l'admission du citoyen Frankel.

Les élections doivent-elles être validées d'après la loi de 1849, exigeant pour les élus le huitième des électeurs inscrits?

Considérant qu'il a été établi que les sections seraient

faites d'après la loi de 1849, la commission est d'avis que le huitième des voix est nécessaire en principe;

Mais considérant que l'examen des listes électorales de 1871 a fait reconnaître des irrégularités qui sont d'une importance telle, qu'elles ne présentent plus aucune certitude sur le véritable chiffre des électeurs inscrits. Les causes qui ont influé sur l'inexactitude des listes sont de différente nature : c'est le plébiscite impérial, pour lequel une augmentation insolite s'est produite; le plébiscite du 3 novembre, les décès pendant le siége, le chiffre élevé des habitants qui ont abandonné Paris après la capitulation, et d'un autre côté le chiffre considérable, pendant le siége, des réfugiés étrangers à Paris, etc.;

Considérant qu'il a été matériellement impossible de rectifier à temps toutes les erreurs, et qu'on ne peut s'en rapporter à une base légale aussi évidemment faussée ;

En conséquence, la commission propose de déclarer validées, aussi bien que toutes les élections qui ont obtenu le huitième des voix, les six élections qui restaient en suspens, en s'en rapportant à la majorité relative des citoyens qui ont rempli leur devoir étroit en allant au scrutin.

Pour la Commission :

Le rapporteur,

PARISEL.

La Commune a adopté les conclusions du rapport.

COMMUNE DE PARIS.

ÉLECTIONS DU 26 MARS 1871.

Premier arrondissement *(Louvre).*

Douze sections, — 81,665 habitants, — 4 conseillers.

Inscrits	22,060
Le huitième	2,757
Votants	11,056

ADAM, élu	7,272	Miot	3,219
MÉLINE, élu	7,251	Andrieux	549
ROCHARD, élu	6,629	Napias-Piquet	319
BARRÉ, élu	6,294	Pyat (Félix)	195
Grandjean	3,665	Delescluze	187
Vésinier	3,458	Blanqui	153
Pillot	3,309	Bullet. blancs et nuls	170

Deuxième arrondissement *(Bourse).*

Vingt sections, — 79,909 habitants, — 4 conseillers.

Inscrits	22,858
Le huitième	2,857
Votants	11,143

BRELAY, élu	7,025	TIRARD, élu	6,386
LOISEAU, élu	6,932	CHÉRON, élu	6,018

Pothier	4,422	Thorel	116
Sérailler	3,711	Ranc	110
Durand	3,656	Rogeard	88
Johannard	3,639	Vaillant	56
Turpin	794	Delescluze	43
Pyat	182	Divers	310
Blanqui	186		

Troisième arrondissement *(Temple)*.

Douze sections, — 92,680 habitants, — 5 conseillers.

Inscrits	00,000 (*sic*).
Le huitième	00,000 (*sic*).
Votants	00,000 (*sic*).

Demay, élu	9,004	Landeck	2,043
Arnaud, élu	8,912	Ferré	1,586
Pindy, élu	8,095	Albert	1,539
Murat, élu	5,904	Hudelot	1,116
Dupont, élu	5,752	Viard	1,076
Cléray	5,698	Chavagnat	879
Amouroux	5,697	Frère	508
Bonvalet	3,906	Blanqui	154
Rogeard	2,796	Mousseron	134
Briosne	2,602	Divers	1,030
Sourd	2,460		

Quatrième arrondissement *(Hôtel-de-Ville)*.

Onze sections, — 98,648 habitants, — 5 conseillers.

Inscrits	32,060
Le huitième	4,007
Votants	13,910

Arnould (A), élu...	8,608
Lefrançais, élu....	8,619
Clémence, élu.....	8,163
Gérardin, élu.....	8,104
Amouroux, élu.....	7,950
Blanc (Louis)......	5,680
Vautrain..........	5,133
Châtillon..........	4,991
Loiseau...........	4,849
Calon.............	4,743
Divers............	1,094

Cinquième arrondissement *(Panthéon)*.

Dix sections, — 104,083 habitants, — 5 conseillers.

Inscrits.............	21,632
Le huitième.........	2,704
Votants.............	12,422

Régère, élu.......	7,469
Jourde, élu.......	7,310
Tridon, élu.......	6,469
Blanchet, élu.....	5,994
Ledroy, élu.......	5,848
Collin............	3,049
Murat............	2,858
Treillart..........	1,577
Jourdan..........	1,529
Pierron...........	1,231
Vacherot..........	1,208
Longuet..........	1,095
Thomas..........	1,040
Griffe.............	1,037
Betesti...........	1,029
Blanc (Louis)......	1,011
Rouillet...........	846
Acanin...........	471
Murat, adjoint.....	421
Murat............	284
Ducoudray........	242
Salicis............	230
Larm[illegible]..........	156
Bertillon..........	92
Marie............	87
Rogeard..........	73
Blanqui...........	73
Cluseret..........	46
Divers............	962
Blancs...........	274
Nuls.............	231

Sixième arrondissement *(Luxembourg)*.

Treize sections, — 75,438 habitants, — 4 conseillers.

Inscrits	24,807
Le huitième	3,100
Votants	9,499

Leroy, élu	5,800	Ferrat	2,062
Goupil, élu	5,111	Massot	1,509
Robinet, élu	3,904	Rogeard	1,462
Beslay, élu	3,714	Gambetta	637
Varlin, élu dans les 17e et 12e	3,602	Vaillant	570
Courbet	3,242	Floquet	484
Lacord	2,941	Lévy (Armand)	385
Lauth	2,362	Masson	102
Hérisson	2,279	Blanqui	67
Jozon	2,202	Divers	999
Chouteau	2,128	Bulletins blancs	189
		Nuls	205

Septième arrondissement *(Palais-Bourbon)*.

Dix-neuf sections, — 75,438 habitants, — 4 conseillers.

Inscrits	22,092
Le huitième	2,206
Votants	5,065

Parisel, élu	3,367	Ribaucourt	1,376
Lefèvre, élu	2,859	Toussaint	1,063
Urbain, élu	2,803	Arnaud (de l'Ariége)	986
Brunel, élu	2,163	Lallemand	935

Hortus	812	Arnaud (Ant.)	26
Bellaigues	725	Divers	715
Dargent	685	Nuls	16
Blanqui	95	Blancs	77
Pyat	26		

Huitième arrondissement.

Huit sections, — 70,259 habitants, — 4 conseillers.

Inscrits	17,825
Le huitième	2,228
Votants	4,396

Rigault (Raoul), élu	2,173	Denormandie	1,806
Vaillant, élu	2,145	Aubry	1,740
Arnould (Arthur) élu	2,114	Belliard	1,718
Alix, élu	2,028	Divers	825
Carnot	1,922		

Neuvième arrondissement *(Opéra)*.

Neuf sections, — 106,221 habitants, — 5 conseillers.

Inscrits	26,608
Le huitième	3,326
Votants	10,340

Ranc, élu	8,930	Dupont de Bussac	2,893
Parent (U.), élu	4,770	Avenel	2,377
Desmarest, élu	4,232	Semerie	2,228
Ferry (E.), élu	3,732	Briosne	2,197
Nast, élu	3,691	Delescluze	1,699

Malon	1,337	Gromier	381
Bonni	1,012	Picchio	327
Duchêne	987	Beslay	248
Blanqui	744	Pyat	91
V. Hugo	695	Assi	21
Massol	540	Nuls	210
Chaudey	496	Blancs	157
Gaudillot	412		

Dixième arrondissement *(École Saint-Laurent).*

Quatorze sections, — 116,438 habitants, — 6 conseillers.

Inscrits	28,801
Le huitième	3,600
Votants	16,765

GAMBON, élu	13,734	Alcan	3,001
PYAT, élu	11,813	Marchand	2,685
FORTUNÉ (H.) élu	11,364	Coquentin	2,623
CHAMPY, élu	11,042	Murat	1,330
BABICK, élu	10,934	Dubail	878
RASTOUL, élu	10,738	Brelay	861
Ollive	3,985	Degouves-Demiège	536
Gambetta	3,748	Nuls	466

Onzième arrondissement *(Popincourt).*

Trente-deux sections, — 149,641 habitants, — 7 conseillers.

Inscrits	42,153
Le huitième	5,269
Votants	25,183

MORTIER, élu.......	21,186	Rebierre..........	3,303
DELESCLUZE, élu dans le 19e..........	20,264	Millière...........	2,760
ASSI, élu..........	19,890	Malarmet.........	1,541
PROTOT, élu.......	19,780	Couturat..........	1,401
EUDES, élu........	19,276	Cluseret..........	941
AVRIAL, élu.......	17,944	Tolain............	283
VERDURE, élu......	17,351	Blanqui...........	253
Mottu.............	4,614	Minet.............	251
Raspail...........	4,558	Blanchon.........	185
Ranc..............	4,449	Pyat..............	110
Poirrier..........	4,015	Divers............	1,298
Havard..........	3,577	Blancs............	468
		Nuls..............	65

Douzième arrondissement *(Reuilly).*

Dix sections, — 78,635 habitants, — 4 conseillers.

Inscrits.............	19,990
Le huitième.........	2,498
Votants...........	11,329

VARLIN, élu dans le 17e et le 6e......	9,843	Turillon..........	1,553
GÉRESME, élu.......	8,896	Grivot............	456
THEISZ, élu dans le 18e..........	8,710	Barroud..........	93
PRUNEAU, élu......	8,629	Montels..........	81
Denizot...........	1,581	Millière..........	30
Dumas............	1,563	Divers............	870
		Blancs............	233
		Nuls..............	96

Treizième arrondissement *(Gobelins)*.

Cinq sections, — 70,192 habitants, — 4 conseillers.

Inscrits	16,597
Le huitième	2,074
Votants	8,010

Meillet (Léo), élu	6,531	Blanqui	191
Duval, élu	6,482	Pyat (F.)	103
Chardon, élu	4,663	Bousery	38
Frankel, élu	4,080	Pernolet	41
Lucipia	1,540	Beauchéry	36
Sicard	1,455	Paty	22
Combes	402	Besançon	23
Cayol	270	Blancs	149
Gougenot	221	Nuls	32

Quatorzième arrondissement *(Observatoire)*.

Huit sections, — 65,506 habitants, — 3 conseillers.

Inscrits	17,769
Le huitième	2,221
Votants	6,570

Billioray, élu	6,100	Asseline	118
Martelet, élu	5,912	Blanqui	104
Decamp, élu	5,835	Brideau	38
Ducoudray	570	Divers	516
Avoine fils	332	Blancs	320
Héligon	130	Nuls	43

Quinzième arrondissement *(Vaugirard)*.

Neuf sections, — 69,340 habitants, — 3 conseillers.

Inscrits	19,681
Le huitième	2,460
Votants	6,467

CLÉMENT, élu	5,025	Trouille	210
VALLÈS (J.), élu	4,403	Blanqui	185
LANGEVIN, élu	2,417	Conduché	148
Jobbée-Duval	1,863	Maublanc	27
Henriot	1,731	Hugo (V.)	9
Andignoux	1,606	Divers	442
Sextus-Michel	1,600	Blancs	173
Chauvière	1,500	Nuls	71
Castioni	1,425		

Seizième arrondissement *(Passy)*.

Cinq sections, — 42,187 habitants, — 2 conseillers.

Inscrits	10,731
Le huitième	1,341
Votants	3,732

MARMOTTAN, élu	2,036	Delescluze	82
DE BOUTEILLER, élu	1,909	Flotard	46
Pyat	1,332	Divers	254
Hugo (V.)	1,274	Blancs	67
Chaudey	95	Nuls	20
Martin (H.)	93		

Dix-septième arrondissement *(Batignolles-Monceaux.)*

Neuf sections, — 98,193 habitants, — 5 conseillers.

Inscrits	26,574
Le huitième	3,321
Votants	11,394

VARLIN, élu........	9,356	Calmels...........	1,660
CLÉMENT, élu	7,121	Maillard	969
GÉRARDIN, élu......	6,142	Favre.............	717
CHALIN, élu........	4,545	Cachent...........	589
MALON, élu........	4,199	Villeneuve.........	457
Taillez............	3,548	Grousset..........	427
Martine...........	3,111	Maljournal.........	384
Dupas.............	2,511	Blanqui...........	211
Tridon............	2,253	Divers............	660
Vergès............	1,941		

Dix-huitième arrondissement *(Buttes Montmartre).*

Douze sections, — 130,456 habitants, — 7 conseillers.

Inscrits	32,962
Le huitième	4,120
Votants	17,443

BLANQUI, élu.......	14,953	VERMOREL, élu.....	13,402
THEISZ, élu........	14,950	GROUSSET (P.), élu..	13,359
DEREURE, élu	14,661	Dupas	2,098
CLÉMENT, élu	14,188	Pyat..............	1,750
FERRÉ, élu	13,784	Assi..............	1,254

Lefrançais	1,248	Lafont	449
Briosne	1,157	Blanc (Louis)	130
Gally	899	Divers	1,982
Clémenceau	752	Blancs et nuls	716
Jaclard	503		

Dix-neuvième arrondissement *(Buttes Chaumont).*

Seize sections, — 113,000 habitants, 6 conseillers.

Inscrits	28,270
Le huitième	3,533
Votants	11,282

OUDET, élu	10,065	Cavol	3,622
PUGET, élu	9,547	Mallet	721
DELESCLUZE, élu dans le 11e	5,846	Lavalette	600
MIOT (J.), élu	5,520	Blanqui	548
OSTYN, élu	5,065	Pyat	222
FLOURENS, élu	4,100	Lagarde	195
Henry	4,084	Lefrançais	173
Pillioud	3,860	Divers	1,387
		Nuls	445

Vingtième arrondissement *(Ménilmontant).*

Treize sections, — 89,444 habitants, — 4 conseillers.

Inscrits	28,270
Le huitième	3,533
Votants	16,792

BERGERET, élu	15,290	FLOURENS, élu	14,089
RANVIER, élu	15,049	BLANQUI, élu	13,859

Tridon............	1,304	Eudes............	47
Dumont...........	1,054	Voix diverses......	534
Lefrançais.........	269	Blancs............	449
Blanc (L.).........	49	Nuls..............	151

N° 60.

AUX CITOYENS ÉLECTEURS

Du 11e arrondissement.

Ne pouvant en ce moment me rendre auprès de vous, l'intérêt du salut public ne me laissant aucun instant de répit, occupant seul et ma pensée et mes moments, je m'empresse dans cette missive de vous remercier et de votre dévoûment à notre grand drapeau, et des suffrages que vous avez bien voulu daigner m'accorder.

Orateur, je ne le suis point et ne veux point l'être; crieur de profession de foi, encore bien moins; mais homme d'action, voilà ce que je suis et ce que je continuerai d'être; et si quelque insensé, quelque régime déchu voulait porter atteinte à notre chère et bien-aimée République, je viens ici vous le jurer, citoyens, je ferais appel à tous les moyens possibles de concorde d'abord, révolutionnaires ensuite, et dans toute l'acception du terme, afin de faire respecter et déclarer seul maître, par la volonté du peuple, notre beau guidon, où sont écrits, en lettres ineffaçables, l'expression de nos principes républicains : Liberté, Égalité, Fraternité !

Vive la République démocratique et sociale!

Le délégué du 11e arrondissement,
membre de la Commune,

H. MORTIER, rue Saint-Ambroise, 15.

N° 61.

Paris, le 30 mars 1871.

CITOYEN RÉDACTEUR,

Vous avez annoncé que j'étais nommé membre de la Commune de Paris dans le 3e arrondissement.

C'est par erreur que mon nom figure au *Journal officiel*, à la place de celui du citoyen Charles Murat.

Salut et égalité.

E. CLÉRAY.

N° 62.

RÉPUBLIQUE FRANÇAISE

AUX ÉLECTEURS DU 9e ARRONDISSEMENT

A l'heure dernière où la nécessité du scrutin s'est imposée à tous, comme conséquence d'un accord inspiré par le besoin de conciliation et le désir d'éviter l'effusion du sang, nos concitoyens, appelés brusquement autour des urnes, dans des conditions qui rendaient impossibles toutes réunions préparatoires sérieuses, ont bien voulu porter sur nous leurs suffrages pour affirmer la République, l'Ordre et la Liberté.

Sans avoir été candidats, nous avons été élus.

Nous venons remercier les électeurs de cette preuve de sympathie, mais leur déclarer en même temps que nous ne croyons pas pouvoir remplir des fonctions dont les termes ne sont pas encore définis, ni l'indépendance assurée.

Paris, le 27 mars 1871.

E. DESMAREST,
E. FERRY,
G. NAST,
Conseillers municipaux élus du arrondissement.

N° 63.

1er avril 1871.

La Commune de Paris,

Considérant que les citoyens Adam, Méline, Rochart, Barré, Brelay, Loiseau, Tirard, Chéron, Leroy, Robinet, Desmarest, Ferry, Nast, Pruneau, Marmottan, de Bouteiller, élus le 26 mars, se sont démis des fonctions de membres de la Commune;

Que d'un autre côté, des options ont dû être exercées par les citoyens A. Arnould, Varlin, Delescluze, Theisz et Blanqui, élus dans plusieurs arrondissements ;

Qu'un certain nombre de vacances se sont ainsi produites et qu'il importe, pour compléter le nombre légal, de procéder à de nouvelles élections dans les arrondissements et pour le nombre de membres de la Commune indiqués au tableau ci-après,

Décrète,

Art. 1er. — Les électeurs des 1er, 2e, 6e, 8e, 9e, 12e, 16e, 17e, 18e et 19e arrondissements sont convoqués pour le mercredi prochain 5 avril, à l'effet d'élire le nombre de membres dont suit le détail :

1er arrondissement	. . .	4 élections.
2e —	. . .	4 —
6e —	. . .	2 —
8e —	. . .	1 —
9e —	. . .	3 —

12e arrondissement	. . .	2 élections.
16e —	. . .	2 —
17e —	. . .	1 —
18e —	. . .	2 —
19e —	. . .	1 —

Art. 2. — Le scrutin sera ouvert à huit heures du matin et fermé à huit heures du soir.

Art. 3. — Les administrations municipales desdits arrondissements sont chargées de l'exécution du présent décret.

LA COMMUNE DE PARIS.

No 64.

Paris, 3 avril.

La Commune de Paris,

En raison des opérations militaires engagées,

Arrête :

Art. 1er. Les élections communales précédemment fixées au mercredi 5 avril sont ajournées.

Art. 2. Le jour du scrutin sera indiqué aussitôt que le permettra la situation faite à Paris par l'attaque du gouvernement de Versailles.

N° 65.

COMITÉ DES VINGT ARRONDISSEMENTS

Le Comité central des vingt arrondissements rappelle à la *Commune* de Paris qu'il lui a déjà demandé de statuer la *publicité* des débats du pouvoir communal.

Il porte à sa connaissance que de tous côtés on demande la solution de cette question ; que, de plus, beaucoup de citoyens refuseraient la candidature aux élections complémentaires de la Commune, si la publicité n'assurait pas leur responsabilité.

Paris, le 1er avril 1871.

Pour le Comité :

Le président de la séance de ce jour,

R. GENTILINI.

Les membres présents,

BRIOSNE, NADAUD, NAPIAS-PIQUET, SALLÉE, LACORD, TOUSSAINT, TROHEL, SICARD, GAILLARD père, LEMAITRE, BAILLE, LEROUX, BAUX, ROCHETAIN, MISSOL, ROUSSEAU, BEDOUCH, RICHARD.

N° 65 (*bis*).

Sur la proposition du citoyen Eugène CHATELAIN, **la délégation des vingt arrondissements de Paris** *a voté à l'unanimité la résolution suivante :*

Considérant que le décret en date du 31 mars 1871, conférant aux membres de la Commune la direction des municipalités de leurs arrondissements respectifs, augmente leurs attributions d'une manière évidente ;

Considérant que plusieurs membres de la Commune faisant, en outre, partie de diverses commissions, ils se trouvent astreints à des travaux incessants ;

Considérant que la Commune de Paris, en 1792, était composée de 240 membres, et que cependant à cette époque la population de Paris comptait à peine la moitié de ce qu'elle compte aujourd'hui ;

Considérant que les moindres communes de France nommant un nombre relativement supérieur de conseillers (1), il y aurait équité pour la ville de Paris à augmenter le nombre des membres de sa commune ;

Considérant que dans les circonstances actuelles la Commune de Paris doit prendre des mesures politiques et militaires de la plus haute importance ;

Considérant enfin qu'en raison d'événements inattendus,

(1) « 10 conseillers dans les communes de 500 habitants et au-dessous, et 36 dans celles de 60,000 et au-dessus. » (Art. 6, section Ire, loi des 5-9 mai 1855.)

la Commune peut avoir ses membres disséminés, et qu'elle risque à tous moments à n'être pas en nombre suffisant pour délibérer,

La délégation des vingt arrondissements invite la Commune de Paris à décréter que le nombre de ses membres sera doublé, et qu'à cet effet des élections supplémentaires auront lieu *immédiatement,* en même temps que les élections complémentaires, qui devaient avoir lieu le mercredi 5 avril présent mois.

Fait en séance, le mardi 4 avril 1871.

Pour le comité :

Le président de la séance,
Armand Lévy.

Les assesseurs,
Brandely, Trohel.

Le secrétaire,
Eugène Chatelain.

Dermont, Leclercq, Vahl, Baille, Gaillard, Renaux, Lemaitre, Bedouch, Pagnerre, Régnier, Mongé, Gentilini.

N° 66.

Paris, le 5 avril 1871.

Citoyens,

C'est le cœur navré que je viens déposer entre vos mains le mandat que les électeurs du 9e arrondissement m'avaient confié.

Jusqu'à l'accomplissement de l'œuvre exceptionnelle que la misérable attitude du gouvernement de Versailles impose à la Commune, j'espérais pouvoir partager vos travaux, vos luttes, vos périls.

Mais si le dévoûment a ses entraînements, la conscience a ses exigences; et je ne crois pouvoir, désormais, m'associer à une action politique et militaire pour laquelle un contrôle suffisant me fait défaut.

Mon cri de ralliement restera toujours : Vive la République démocratique et sociale !

ULYSSE PARENT.

Paris, 6 avril.

CITOYENS,

Désapprouvant sur plusieurs points graves la direction imprimée au mouvement communal ; ne voulant pas, d'autre part, créer de dissentiments au moment où la République a le plus besoin d'unité d'action, je prends le parti de me retirer et de vous adresser ma démission.

Je rentre dans les rangs et redeviens simple soldat de Paris, de la Commune et de la République.

Salut et fraternité.

A. RANC.

N° 67.

CITOYENS,

A la Commune de Paris nous disons :

Renfermez-vous strictement dans l'édification de nos franchises municipales.

Engagez-vous à déposer votre mandat sitôt qu'une loi équitable et juste, ayant statué sur la reconnaissance de nos droits, nous appellera à des élections libres et discutées.

A Versailles nous disons :

Reconnaissez franchement ce que veut l'opinion publique ; le temps presse : votez sans délai des institutions vraiment démocratiques et républicaines, au moins en ce qui concerne la ville de Paris, qui, par ses votes depuis vingt ans, n'a jamais varié dans ses aspirations.

Pas de projets de loi, qui sont autant de brandons de discorde ; tel celui sur l'élection des conseils municipaux, où l'on propose :

Le maire choisi par les conseillers, dans les villes jusqu'à 6,000 âmes ;

Le maire imposé par le pouvoir exécutif dans les villes de plus de 6,000 âmes.

Pas de méfiance, mais de la confiance ; et alors, oubliant les noms de réactionnaires et de révolutionnaires, nous nous tendrons la main; nous nous souviendrons seulement que nous sommes tous frères d'une même patrie qui est faible aujourd'hui, mais que nous voulons forte bientôt pour ses destinées prochaines.

VIVE LA FRANCE! VIVE LA RÉPUBLIQUE!

UN GROUPE DE CITOYENS.

Paris, 5 avril 1871.

NOTA. — Vous tous qui adhérez à ces idées, venez; mais venez tous jeudi, 6 avril, à huit heures et demie du soir, salle de la Bourse, place de la Bourse. Alors pas de discussions, pas de cris, pas de conflit, mais du calme; montrons que nous sommes dignes d'être un peuple libre.

Si la place de la Bourse se trouve trop étroite, nous nous réunirons, toutes affaires cessantes, dès le lendemain vendredi, à une heure, dans un immense meeting, place de la Concorde et Champs-Élysées.

A trois heures précises, les uns se dirigeraient vers le chemin de fer, rive gauche, porter à Versailles l'expression de la volonté de cent, deux cent mille citoyens, si c'est possible. Les autres feraient la même démarche près de la Commune de Paris, et alors tous nous aurions bien mérité de la patrie.

Amis, est-ce convenu?

Nº 68.

ÉQUILIBRE RÉPUBLICAIN

MANIFESTE DU COMITÉ

Paris, 4 avril 1871.

La majorité républicaine a accepté et consacré par son vote la victoire du mouvement communal.

Elle veut garder les résultats acquis.

Plus que jamais donc, elle doit affirmer sa résolution.

Il faut qu'on sache que les destinées de la République ne peuvent se confondre tout entières avec celles d'un pouvoir dirigeant quelconque, d'ailleurs fréquemment renouvelable.

Il faut qu'on sache que, derrière le parti qui a pris l'initiative, d'autres groupes existent, prêts à l'appuyer, prêts, au besoin, à alterner avec lui ; que, derrière la République révolutionnaire ou à côté, marche la République radicale, et qu'en aucun cas la lutte engagée ne doit tourner au profit des réactions monarchiques.

Considérant qu'il y a urgence à poser nettement le programme d'un ordre nouveau, social et politique, les soussignés déclarent adhérer aux idées suivantes :

I. République indiscutable, démocratique et laïque.

Non seulement la République est la nécessité logique. Elle est aussi d'utilité pratique.

Elle est la justice, parce que, ne liant jamais la liberté du choix, elle réserve et laisse entier notre droit comme celui de nos successeurs.

Elle est le suprême intérêt, parce qu'elle fait succéder aux soubresauts des révolutions le développement indéfini de l'évolution politique; c'est ce que sentent plus que jamais l'industrie, le commerce, l'agriculture, éprouvés tous les quinze ans par des cataclysmes.

Elle est enfin l'arme par excellence contre le césarisme allemand, le coin qui s'enfoncera peu à peu dans cette unité factice.

II. Commune autonome librement élue, fréquemment renouvelable, expression municipale, sociale et politique de la cité.

III. Fédération des communes, garantie mutuelle de leur autonomie.

IV. Équilibre républicain, c'est-à-dire accord des deux courants républicains sur des principes communs, terrain permanent et solide où les divisions et les variations doctrinales ou personnelles ne puissent plus compromettre, au profit de la réaction, la République que nous voulons fonder.

A. Coudereau; André Lefèvre; L. Asseline; Dr Letourneau; Yves Guyot; Dr Onimus, fondateur et rédacteur de la *Libre-Pensée* et de la *Pensée nouvelle;* Dr Mercier; E. Detot; A. Foucault, rédacteur en chef de la *République* de Lyon; Dr BOURGOIN, pharmacien des hôpitaux et professeur agrégé à l'École de pharmacie; A. DOREY, négociant; A. ROYER; L. LHOTTE, chimiste; L. BOURRICHET, négociant; E. RAY, négociant; LECESNE, ex-commandant de la garde nationale; A. RAMA, publiciste; Carlos DERODE; Dr DANION; H. GIRGOIS; A. BESNARD, publiciste; R. LINARD, négociant; E. LIMOSIN, négociant; VERT, architecte-vérificateur; L. ANGEVIN, du *Journal officiel*.

N.-B. *On peut envoyer les adhésions aux adresses suivantes :* Dr COUDEREAU, 18, rue Montmartre; A. LEFÈVRE, 21, rue Hautefeuille; Dr LETOURNEAU, 33, rue de l'Arcade.

No 69.

CHERS CONCITOYENS,

Le siége de Paris a recommencé. Un gouvernement français ose continuer l'œuvre prussienne, en bombardant notre ville.

Nous protestons au nom de Paris tout entier, indigné et frémissant.

Il est temps de mettre un terme à cette lutte fratricide; d'horribles malentendus la prolongent.

Elle cessera, elle devra cesser, le jour où nous aurons démontré à la France que Paris, loin de vouloir imposer ses volontés, demande seulement pour lui l'indépendance; il entend soutenir et défendre, non tels ou tels hommes, mais le grand principe de sa liberté communale.

Qu'est-ce que cette liberté communale?

Sur quels points la population de Paris, bourgeoise et prolétaire, se trouve-t-elle d'accord?

Nous l'avons indiqué déjà; nous précisons.

Paris élit un conseil municipal chargé de régler seul le budget de la ville. La police, l'assistance publique, l'enseignement, la garantie de la liberté de conscience relèvent uniquement de lui.

Il n'y a d'autre armée à Paris que la garde nationale, composée de tous les électeurs valides; elle élit ses chefs et son état-major, suivant le mode réglé par le conseil communal, de telle façon que la force armée soit toujours subordonnée à l'autorité civile.

Paris fournit sa quote-part des dépenses générales de la France, et son contingent en cas de guerre nationale. Aucune armée n'entre à Paris; il est fixé aux troupes une délimitation qu'elles ne peuvent franchir, comme à Londres aujourd'hui, et comme à Paris même sous la Constitution de l'an III.

Paris élit ses fonctionnaires et ses magistrats.

Ces réclamations légitimes sont dans l'esprit de tous.

Paris se sépare-t-il de la France? — Non. — Paris ne veut point détruire l'œuvre de la grande révolution française. Il la continue. Mais Paris, pendant vingt ans, opprimé plus encore que le reste du pays, veut reconquérir ses libertés et affirmer ses droits.

Le mouvement qui vient de se produire n'est point une émeute: c'est une révolution.

Il faut que le gouvernement s'engage à renoncer à toute recherche concernant les faits accomplis depuis le 18 mars.

Il faut, d'autre part, pour assurer la libre expression du

suffrage universel, procéder à des réélections générales de la Commune de Paris.

Il faut qu'une grande et puissante manifestation de l'opinion publique fasse cesser la lutte.

Que Paris entier signe avec nous!

Aujourd'hui, comme au temps du siége, il s'agit de sauver la République, il s'agit de sauver la France.

Si le gouvernement de Versailles restait sourd à ces revendications légitimes, qu'il le sache bien, Paris entier se lèverait pour les défendre.

Tous les Membres de la Ligue d'union républicaine des droits de Paris.

Paris, 10 avril 1871.

N° 70.

Les élections complémentaires à la Commune auront lieu le lundi 10 avril, de huit heures du matin à huit heures du soir.

Le nombre des membres à élire est de :

1er arrondissement.	4
2e —	4
3e —	1
6e —	2
7e —	1

8e	arrondissement	. . . .	1
9e	—	. . . .	5
12e	—	. . . .	2
13e	—	. . . .	1
16e	—	. . . .	2
17e	—	. . . .	1
18e	—	. . . .	2
19e	—	. . . .	1
20e	—	. . . .	1

Paris, le 8 avril 1871.

La commission exécutive :

COURNET, DELESCLUZE, F. PYAT, TRIDON, E. VAILLANT, A. VERMOREL.

No 71.

LA COMMUNE DE PARIS,

Considérant qu'il est matériellement impossible de convoquer au scrutin les électeurs qui défendent les remparts de la cité.

DÉCRÈTE :

Les élections sont ajournées. La date de la nouvelle convocation des électeurs sera prochainement fixée.

Paris, le 9 avril 1871.

LA COMMUNE.

Nos 72 et 73.

A LA COMMUNE DE PARIS

« Ajourner les élections est plus qu'un crime : c'est une faute, » a dit le *Père Duchêne* dans son numéro du lundi 10 avril. Nous sommes entièrement de son avis.

On a compris le premier décret d'ajournement. Les impérialistes et les royalistes avaient attaqué. On dut leur répondre. La garde nationale tout entière, debout, se disposait à se porter en masse sur Versailles. La cartouche fut préférée au bulletin de vote. C'était logique.

La Commune de Paris, en décrétant ce premier ajournement, a donc eu raison. Mais cette fois, quand Paris reste sur la défensive, le nouveau décret ajournant encore les élections, basé sur les considérants du premier décret, est une faute.

A l'exception de quelques bataillons, la garde nationale est rentrée dans ses quartiers. Le service du rempart ou le combat de quelques bastions et de quelques avant-postes ne peuvent être un obstacle sérieux aux opérations du vote. Puis, demain, toute la garde nationale sera peut-être en route sur Versailles.

Qui sait?

L'heure n'étant plus aux professions de foi, Paris connaissant ses hommes et ses candidats, les gardes nationaux de service aux remparts et dans les forts auraient pu voter librement dans des urnes improvisées, et le résultat de leurs votes eût pu être adressé facilement dans leurs arrondissements respectifs.

Telle est la réponse la plus plausible que nous puissions faire au considérant du décret.

Mais nous avons dit : C'est une faute.

Nous allons nous expliquer :

CITOYENS DE LA COMMUNE DE PARIS,

On vous accuse de vouloir accaparer le pouvoir. Le mot de dictature a été déjà prononcé. Dès que l'opinion publique ne sera plus avec vous, l'opinion publique se retournera contre vous. Faites attention !

Quelle crainte avez-vous ? L'idée de la Commune fait son chemin. Le principe électif, sur lequel elle repose, et le nombre restreint des membres qui composent la Commune vous obligent indubitablement à compléter le plus vivement possible les vacances au fur et à mesure qu'elles se produisent. La résolution votée par la délégation des vingt arrondissements (ancien Comité central), dans sa séance du 4 avril 1871, publiée par le journal l'*Affranchi*, le 8 avril, et qui vous a été transmise immédiatement, était cependant basée sur des considérants sérieux, logiques, irréfutables.

Cette résolution ne tendait pas seulement à réclamer des élections complémentaires immédiates ; elle demandait aussi à la Commune le doublement de ses membres.

Nous croyons devoir retracer ici cette résolution.

(*Le lecteur la trouvera au n° 65 bis.*)

En augmentant le nombre des membres de la Commune, vous faites appel à toutes les intelligences, à toutes les initiatives, à toutes les aptitudes, à tous les courages. Vous excitez l'ardeur, l'élan, le patriotisme, l'amour de la République.

Les commissions choisies parmi vos membres, et non en dehors de votre sein, deviennent homogènes, et leurs délibérations, approuvées et ratifiées par vous, obtiennent un double caractère de légalité.

Si la Commune, à son début, eût été composée d'un nombre supérieur de membres, la démission, ou plutôt la désertion, ne se fussent pas produites. Les pâles et les timides seuls se seraient retirés.

Si la Commune de Paris eût compté 180 à 200 membres, eussent-ils été tous révolutionnaires et socialistes, l'Assemblée de Versailles, composée de traîtres et de royalistes, se fût bien gardée de faire attaquer Paris, après l'avoir fui si misérablement.

Paris veut ses franchises, incontestablement. La bourgeoisie vient de l'exprimer publiquement. Elle a même déclaré qu'elle prendrait les armes si Versailles s'obstinait à ne pas reconnaître les droits de la première cité du monde. Mais pour que cette déclaration ne reste pas à l'état de lettre morte, citoyens de la Commune de Paris, doublez le nombre de vos membres, et appelez immédiatement les électeurs au scrutin.

Dans la crise exceptionnelle que nous traversons, — unique dans l'histoire, — la Commune, en reculant une deuxième fois ses élections complémentaires, a fait une faute, nous le répétons; mais la Commune, en ne doublant pas au moins le nombre de ses membres, commet une faute plus grave, assurément.

Eugène Chatelain.

P.-S. La Délégation des vingt arrondissements, après avoir pris connaissance de l'article ci-dessus, déclare y adhérer complétement et a décidé, à l'unanimité, dans la séance de ce jour, d'en adresser une copie textuelle à la Commune de Paris.

Paris, le 10 avril 1871.

Le président de la séance,
TROCHET.

Les assesseurs,
RENAUX, CAZALS.

Le secrétaire,
E. CHATELAIN.

N° 74.

ÉLECTIONS COMMUNALES COMPLÉMENTAIRES
DU 16 AVRIL.

MINISTÈRE DE LA GUERRE.

Afin de permettre aux citoyens de service hors de leur arrondissement de prendre part au vote du dimanche 16 avril,

Le délégué à la guerre arrête :

Les conseils de légion des divers arrondissements intéressés enverront à leurs bataillons respectifs le nombre de délégués suffisant pour faire procéder à la constitution de bureaux électoraux.

Ces délégués seront munis de mandats régularisés par

leurs collègues, visés par le chef de légion ou son suppléant, et timbrés par la municipalité ou la Commune.

Le vote aura lieu d'après des listes dressées séance tenante, portant les noms et adresses des ayant droits. La carte de garde national, ou toute autre pièce d'identité, ou l'assistance de deux témoins, permettront l'exercice des droits électoraux.

Paris, le 15 avril 1871.

Le délégué à la guerre,
CLUSERET.

N° 75.

LA COMMUNE DE PARIS,

Vu l'avis du délégué à la guerre, qui s'engage à rendre le vote possible à tous les citoyens appelés aux avant-postes pour la défense de leurs droits,

DÉCRÈTE :

ART. 1er. — Les élections complémentaires auront lieu le dimanche 16 avril.

ART. 2. — Le scrutin sera ouvert de huit heures du matin à huit heures du soir.

ART. 3. — Le dépouillement se fera immédiatement.

Paris, le 12 avril 1871.

(La commission exécutive annonce que, vérification faite,

le 17e arrondissement ayant 122,300 habitants, avait par conséquent droit à élire six conseillers au lieu de cinq.)

ARRÊTE :

Le nombre des conseillers communaux à élire par le 17e arrondissement, aux élections du 16 avril, est fixé à deux.

Paris, le 12 avril 1871.

N° 76.

Les soussignés, membres de la délégation communale du 1er arrondissement,

CONSIDÉRANT,

Que le vote à bulletins secrets est immoral au premier chef ;

Qu'il ne peut y avoir de vraie démocratie et d'élections libres que là où les électeurs acceptent la responsabilité de leurs actes ;

Émettent le vœu qu'aux prochaines élections, le vote nominal ou à bulletins ouverts soit seul autorisé.

Paris, le 13 avril 1871.

TOUSSAINT, WINANT, TANGUY, SALLÉE.

Nº 77.

ALLIANCE RÉPUBLICAINE

AU PEUPLE DE PARIS

Citoyens,

Vous êtes appelés à un vote complémentaire des élections communales.

Dans les circonstances solennelles que nous traversons, il n'est permis à personne de déserter ses devoirs de citoyen, pas plus qu'il n'est permis au soldat de déserter pendant le combat le poste qu'il a choisi.

Paris va présenter le spectacle inouï d'une population entière debout, les armes à la main, combattant héroïquement pour la revendication de ses libertés communales, et se livrant, au milieu de la lutte, avec le calme et la maturité de la force, à l'exercice légal de ces mêmes droits pour lesquels elle combat.

Citoyens, la révolution du 18 mars est une régénération; c'est une ère nouvelle : nommez des hommes nouveaux. Nos élus sauront que, en même temps qu'ils doivent apporter à la Commune le plus dévoué et le plus énergique concours, vous ne leur permettez, quelque lourde que soit la tâche, et quelque lourde que soit la responsabilité, ni les défaillances, ni les désertions dont certains ont donné l'exemple coupable.

Vous aurez ainsi assuré le maintien et la sauvegarde de la République et de la Commune.

VIVE LA RÉPUBLIQUE UNE ET INDIVISIBLE !

VIVE LA COMMUNE !

Paris, le 15 avril 1871.

L'Alliance républicaine.

N° 78.

Dimanche 9 avril.

CITOYEN RÉDACTEUR EN CHEF,

Je lis mon nom dans plusieurs journaux, sur une liste de candidats aux élections communales.

Je serais, je n'ai pas besoin de le dire, extrêmement honoré de faire partie de la Commune de Paris ; mais il y aurait actuellement pour moi impossibilité matérielle à remplir les grands devoirs que cette situation impose.

A la nouvelle des événements qui agitent Paris, je suis revenu d'Arcachon, à peine convalescent, et je n'ai pu guère depuis me ménager assez pour être en état d'accomplir une besogne tant soit peu fatigante. Je puis à la rigueur écrire ; mais il m'est impossible et surtout défendu de parler et de veiller.

Mes forces me trahiraient bientôt, et cela sans profit pour personne. Je me vois donc, à mon grand regret, obligé de décliner toute candidature.

Veuillez agréer, citoyen rédacteur, l'expression de mes sentiments fraternels.

HENRI ROCHEFORT.

No 79.

Au citoyen Rochefort, *directeur du MOT D'ORDRE.*

Paris, 10 avril 1871.

Citoyen,

Quelques journaux m'ont porté comme candidat aux prochaines élections de la Commune.

Cela s'est fait à mon insu, sans que j'aie été consulté par qui que ce soit.

Le motif qui m'a fait donner ma démission dès le début, le mauvais état de ma santé, m'empêche plus que jamais de rechercher ou d'accepter aucune fonction publique.

Veuillez m'accorder l'hospitalité du *Mot d'Ordre* pour cette rectification essentielle, et recevoir mes remercîments.

Salut fraternel.

Dr Robinet,
Ancien maire du 6e arrondissement.

No 80.

A Monsieur le rédacteur du CRI DU PEUPLE.

Monsieur,

Un journal m'a proposé comme candidat aux électeurs du 9e arrondissement. Veuillez me rendre le service de publier que je n'accepte aucune candidature.

Ce n'est pas que j'aie à blâmer les actes de la Commune ; mais il ne saurait me convenir d'entrer dans des affaires déjà engagées sans discussion de ma part.

Agréez toutes mes civilités.

G. DUPONT (de Bussac).

N° 81.

MAIRIE DU 1er ARRONDISSEMENT.

Les soussignés, membres de la délégation communale du 1er arrondissement ;

Considérant que les véritables principes républicains sont la représentation directe de tous les intérêts qui la composent ;

Considérant qu'il importe pour atteindre ce but d'organiser des groupes dans chaque quartier, qui nommeront leurs délégués ;

Que ces délégués formeront un conseil consultatif devant seconder les membres de la Commune, en les aidant de leurs lumières et de leurs conseils, et en représentant directement les besoins de la population, avec laquelle ils seront en communication constante ;

Invitons les électeurs à se réunir vendredi et samedi soir, à huit heures, tant pour discuter les candidats à la

Commune que pour nommer cette commission, qui sera composée de six membres du quartier :

1° Rue Jean-Lantier, 15, salle des Écoles ;

2° Rue des Prêtres-Saint-Germain-l'Auxerrois, salle des Écoles ;

3° Rue Saint-Honoré, 236, salle des Écoles ;

4° Rue J.-J. Rousseau, 35, salle de la Redoute.

Les membres de la délégation communale du 1er arrondissement,

TOUSSAINT, WINANT, TANGUY, SALLÉE.

N° 82.

LA CONCILIATION PAR L'ACTION.

ÉLECTIONS COMMUNALES DU 10 AVRIL.

Il est d'une suprême importance que Paris profite des élections de lundi pour introduire à l'Hôtel-de-Ville des citoyens représentant exactement ce que veut aujourd'hui la majorité de la population.

Or, que veut cette majorité ?

Fermer Paris à la réaction royaliste qui l'a attaqué, et dont le triomphe sanglant serait en même temps la ruine de la République et l'anéantissement de la nationalité française ;

Envers et contre tous, maintenir la révolution du 18 mars dans sa vraie voie, qui est l'autonomie de Paris, disposant souverainement de tous les éléments de son administration locale ; l'établissement définitif de la République nationale par la fédération des communes librement formées.

Que la majorité — qui ne comprend pas que l'on se dégage des responsabilités nécessaires, soit par le secret des délibérations, soit par des abstentions ou des démissions plus ou moins sérieusement motivées, et qui entend que, sans ambition, sans amour-propre, mais aussi sans crainte, ses mandataires expriment et fassent prévaloir sa volonté — charge des hommes de bon sens et de probité de faire de suprêmes efforts dans ce triple but :

Paris libre dans la France libre ;

La République fondée sur le respect absolu de toutes les libertés politiques et sociales, que seule la République est capable de garantir ;

La paix civile obtenue par l'accord souverain des intérêts et de la justice.

UN GROUPE DE RÉPUBLICAINS.

Le groupe duquel émane ce programme propose, comme aptes à le réaliser, les candidatures suivantes :

1er *arrond.* **Clémenceau**, représentant démissionnaire ; **V. Considérant**, **Toussaint**, de la délégation des vingt arrondissements.

2e *arrond.* **Lockroy**, représentant démissionnaire; **A. Murat**, ex-adjoint; **J. Johannard**, de l'Internationale; **A. Sérailler**, *id.*

3e — **Germain Casse**, publiciste.

6e — **E. Reclus**, rédacteur de la *Revue des Deux-Mondes;* **J. Claretie**, publiciste.

7e — **Laurent Pichat**, propriétaire.

8e — **Ch. Floquet**, représentant démissionnaire.

9e — **Chassin**, publiciste; **Combault**, de l'Internationale; **E. Picchio**, peintre; **Portalier**, de la délégation des vingt arrondissements; **Vauthier**, ancien représentant.

12e — **A. Naquet**, professeur de chimie; **Rogeard**, auteur des *Propos de Labienus.*

16e — **Longuet**, chef de bataillon; **Leverdays**, publiciste.

17e — **Rochefort**, représentant démissionnaire.

18e — **Dupas**, médecin; **G. Duchêne**, économiste.

19e — **Millière**, représentant démissionnaire.

N° 83.

DÉCLARATION

Malgré le profond dégoût que m'inspirent les passions haineuses et violentes de la majorité, j'ai cru de mon devoir de rester dans l'Assemblée nationale, tant qu'il m'a semblé possible d'y remplir le mandat que le peuple de Paris m'a conféré, c'est-à-dire tant que je pourrais lutter pour la cause de la justice et combattre les partis du désordre, coalisés contre la République.

Sans me permettre de juger, et moins encore de blâmer les citoyens qui, par un sentiment consciencieux et désintéressé, comprennent leur devoir d'une autre façon, je pense qu'une démission pure et simple n'est pas le meilleur moyen d'accomplir la tâche imposée à un représentant du peuple.

J'ai été confirmé dans cette opinion par les conseils d'un grand nombre de membres des comités électoraux qui ont proposé ma candidature, et j'ai pu en apprécier la justesse lorsque j'ai vu avec quelle satisfaction nos ennemis ont recueilli la démission de plusieurs des élus du parti républicain.

Mais l'abominable attentat commis par le pouvoir exécutif, le crime que le gouvernement de Versailles consomme en ce moment contre le droit, contre l'humanité, offre aux représentants de Paris la plus grave occasion de faire un dernier et suprême usage de leur mandat en réprouvant solennellement une politique dont le but évident est de noyer la République dans le sang du peuple, qui ne connaît d'autres moyens de pacification que la guerre civile, et dont le résultat, s'il était réalisé, serait la perte définitive de la patrie.

C'est dans ces dispositions d'esprit que je voulais me présenter à la séance d'aujourd'hui.

Je me proposais d'interpeller le gouvernement sur l'attaque à main armée qu'il dirige contre Paris, et de démontrer au pays, trompé par les mensonges de M. Thiers, quelle est la véritable situation de la capitale.

Il est bon que la France entière sache que Paris est, non pas en état d'insurrection, mais bien en état de légitime défense; qu'il n'a jamais fait qu'user pacifiquement de son droit, du droit qui lui appartient au même titre qu'à toutes les autres communes de France; qu'après l'avoir livré à l'ennemi par la plus infâme des trahisons dont l'histoire ait conservé le souvenir, les misérables qui ont ainsi sacrifié la patrie à leur ambition veulent encore étouffer dans Paris l'esprit de liberté politique et d'indépendance municipale, qui ne leur permettait pas de jouir impunément du fruit de leur forfait, et que, malgré les outrages, les défis et les provocations, la population parisienne, calme, paisible, unanime, n'avait tenté aucune agression, commis aucune violence, causé aucun désordre, lorsque le gouvernement l'a fait attaquer par les anciens policiers de l'empire, déguisés en troupes prétoriennes, sous le commandement de sénateurs.

Voilà comment je comprends le devoir d'un représentant du peuple. C'est ainsi que j'aurais accompli mon mandat, si j'avais pu me transporter à Versailles. Du haut de la tribune, j'aurais à la face du monde déclaré la majorité réactionnaire et son pouvoir exécutif responsables des nouvelles calamités qu'ils déchaînent sur notre malheureuse patrie, et j'aurais quitté l'Assemblée en secouant la poussière de mes souliers.

MILLIÈRE.

(*Journal officiel,* 5 avril.)

N° 84.

ÉQUILIBRE EUROPÉEN

MANIFESTE ÉLECTORAL

Que voulons-nous tous? L'autonomie de Paris et le maintien de la République.

Comment les assurer? Par la constitution d'une forte Commune représentant Paris tout entier.

Le scrutin est ouvert dimanche; trente et un membres sur quatre-vingt-treize sont à élire.

Il faut empêcher l'énergie de la Commune, née de la lutte, constituée par le combat, de dégénérer en violence.

Il faut donc adjoindre à ses membres actuels des hommes qui, résolus à maintenir les droits de Paris, sachent cependant que toute lutte exige un dénoûment, et prennent à tâche de le hâter, non seulement par l'énergie de leur attitude, mais par la netteté de leur programme.

Il faut des hommes qui, mettant les principes au-dessus de la lutte, assurent le respect des droits individuels que la République a toujours réclamés : liberté individuelle, liberté de la presse, de réunion, d'association, afin que la sécurité de nos adversaires démente leurs calomnies.

Il faut que chacun sache bien que la République, mettant fin à l'arbitraire du pouvoir et de l'insurrection du peuple, est la garantie de l'ordre et de la stabilité.

Assurer cet avenir par des garanties qui ne seront pas à la merci de forces aveugles, éternel instrument de coups d'État, tel est notre but.

La constitution d'une forte Commune républicaine, expression de toutes les opinions de la population de Paris, résolue à maintenir, dans leur intégrité, les attributions municipales et politiques, mais à les limiter à Paris, tel est notre moyen.

Le *Comité de l'Équilibre républicain* a déjà déterminé dans son programme les attributions de la municipalité :

Répartition de l'impôt. — Direction de la garde nationale, seule force armée présente dans l'enceinte et dans les forts. — Garantie des libertés de conscience, de presse, de réunion et d'association. — Pactes fédératifs avec les autres communes. — Chaque arrondissement est administré par une municipalité élue. — Inviolabilité du membre de la Commune. — Publicité des séances. — Nul ne peut donner sa démission sans l'agrément de ses électeurs.

Le *Comité de l'Équilibre républicain* propose de nouveau ce programme à cette grande majorité du parti républicain qui, aussi éloigné des entraînements de la passion que du lâche abandon de nos libertés, doit, par le vote du 16 avril, assurer l'avenir de l'autonomie de Paris et de la République.

Pour le Comité :

A. COUDEREAU, André LEFÈVRE,
Dr LETOURNEAU, Yves GUYOT.

N° 85.

MINISTÈRE DE LA GUERRE

RÉPUBLIQUE FRANÇAISE

Liberté, Égalité, Fraternité.

COMITÉ CENTRAL D'ARTILLERIE

DE LA GARDE NATIONALE.

CITOYENS,

Toutes les forces militaires doivent appartenir à la nation seulement.

Plus d'armées permanentes, plus de pouvoirs autocratiques, faisant mouvoir à leur gré les forces actives de la patrie.

L'artillerie est une arme terrible contre les libertés du peuple, quand elle est dans la main d'un despote ou d'un intrigant ; mais aussi, dans la main du peuple, elle est la puissante sauvegarde de ses droits et de ses libertés.

Aujourd'hui, le *Comité central d'artillerie* émanant du suffrage universel est une institution démocratique dans sa plus large expression.

CITOYENS !

Gardes nationaux de toutes armes, artillerie et infanterie, vous avez par votre énergie empêché l'exécution du honteux traité de vente qui avait livré l'artillerie pieds et poings liés à l'ennemi.

Le *Comité central d'artillerie* s'en souvient...

Malgré la profonde désorganisation où l'avait plongé le gouvernement de la défense nationale, les journées du 3 et du 4 avril vous appartiennent.

PEUPLE !

La lutte n'est pas finie ! — Tu es encore appelé au vote.

Donc, aux armes ! aux urnes ! Tu as les unes et les autres ; tu es souverain !...

Seul tu as pouvoir de châtier ceux qui auraient trompé ou tromperaient ta confiance, quel que soit le mandat que tu leur aurais confié.

Pour que l'artillerie ne soit et ne devienne une force aveugle, et ne tombe entre les mains des intrigants, tu enverras à la Commune un ou plusieurs des membres de son Comité central.

Confiant en ta clairvoyance et ton patriotisme,

Le Comité central d'artillerie se présentera à tes suffrages aux prochaines élections.

Vive la République et l'avenir de la Révolution !

LE COMITÉ CENTRAL DE L'ARTILLERIE DE LA SEINE.

N° 86.

MAIRIE DU 16e ARRONDISSEMENT.

La Commission provisoire déléguée à l'administration du 16e arrondissement aux habitants du 16e arrondissement.

CITOYENS,

Par suite de la démission des deux membres de la Commune que vous avez élus et de la fuite des deux commandants de la garde nationale, tous les services communaux de votre arrondissement ont été paralysés ou désorganisés.

L'attaque odieuse du gouvernement de Versailles contre Paris a empêché momentanément les élections pour le remplacement des deux membres qui n'ont pas répondu à votre confiance.

C'est dans ces circonstances critiques que la Commune a pris d'urgence des mesures pour sauvegarder vos intérêts.

Elle a confié au citoyen Émile Oudet, un de ses membres, envoyé exprès au 16e, sa direction administrative et la surveillance des opérations militaires du 6e secteur.

Elle a aussi d'urgence pourvu à la nomination d'un commandant des deux bataillons, 38e et 72e, et l'a confié au citoyen Laporte, et elle a nommé chef de secteur le citoyen Barraux.

Sur la proposition du citoyen Émile Oudet, le citoyen Napias-Piquet, détaché de la commission municipale du

1er arrondissement, a été appelé par le Comité exécutif de la Commune à organiser les affaires administratives du 16e et à y choisir une commission municipale.

CITOYENS,

En présence des graves événements de ces derniers jours et en prévision de toutes les nécessités qui peuvent survenir, alors que tant de gens prudents s'abstiennent, nous avons regardé comme un devoir civique de répondre à l'appel qui nous a été fait.

En attendant que le peuple, seul souverain par le suffrage universel, nous en relève dans de prochaines élections, ces rudes devoirs qui vont résulter de nos fonctions, nous les avons acceptés avec la résolution la plus énergique de les remplir, sans nous arrêter devant aucun obstacle réactionnaire.

Déjà nous avons pris toutes les mesures pour assurer tous les services. Avec le concours patriotique de la garde nationale et celui de tous les bons républicains, nous nous efforcerons de rester au niveau de toutes les difficultés qui pourront survenir, et de satisfaire à tous les droits, à tous les intérêts, en concourant au salut public.

Salut et fraternité.

Paris-Passy, 4 avril 1871.

Les membres de la commission communale
du XVIe arrondissement,

NAPIAS-PIQUET, PIGAULT, CLERJAUD, LEDRIER,
NARDAL, RICHARD, TURPIN, MISSOL.

N° 87.

COMITÉ DES VINGT ARRONDISSEMENTS

Le Comité central des vingt arrondissements a décidé, dans sa séance du 3 avril, de proposer aux divers arrondissements où doivent avoir lieu les élections communales du mercredi 5 avril les listes suivantes :

1er *arrond.* Dr PILLOT, ANDRIEUX, TOUSSAINT, VÉSINIER.
2e — E. POTTIER, A. SÉRAILLER, J. DURAND, J. JOHANNARD.
6e — LACORD, A. LÉVY.
8e — R. GENTILINI.
9e — BRIOSNE, Pierre DENIS (1), GAILLARD père.
12e — BRANDELY, BARTHÉLEMY.
16e — NAPIAS-PIQUET, LONGUET.
17e — DUPONT (de l'Internationale).
18e — G. DUCHÊNE, DUPAS.
19e — Ch. DUMONT.

(1) P. Denis n'accepte pas. (Le *Cri du peuple*, n° 35, 2e p., 4e col.)

No 88.

A la Délégation des vingt arrondissements.

Le Comité de vigilance du 12e arrondissement, dans ses séances des 3 et 4 avril courant, rue des Terres-Fortes, 2, et le peuple des sections de la gare d'Ivry et de Bercy réunis (l'Association internationale des travailleurs), après avoir délibéré, ont résolu de s'unir conjointement, pour porter à la connaissance du Comité central des vingt arrondissements qu'ils protestent hautement contre les candidatures des citoyens Brandely et Barthélemy à la Commune pour le 12e arrondissement, d'après la liste présentée ce matin dans le *Cri du Peuple*, non tant à cause de leurs personnes, fort honorables du reste, mais parce que ces candidatures, produites complètement en dehors d'eux, ne sont pas, comme cela a pu le paraître au Comité central, l'expression de leurs vœux.

Le Comité de vigilance du 12e arrondissement, d'accord avec les sections d'Ivry et de Bercy réunies, informe le Comité qu'il se réserve de lui faire connaître ultérieurement les noms sur lesquels, après examen, se sera arrêté son choix.

Pour le Comité de vigilance :
Le secrétaire délégué du Comité central,
A. FONTAINE.

Pour le groupe des sections de la gare d'Ivry et de Bercy réunies (Association internationale des travailleurs) :
Le secrétaire général correspondant,
F. NOSTAG.

N° 89.

COMITÉ DE VIGILANCE DU 12e ARRONDISSEMENT

2, rue des Terres-Fortes, 2

ÉLECTIONS A LA COMMUNE

Le Comité de vigilance propose aux électeurs du 12e arrondissement les deux candidatures suivantes :

Chalvet, ouvrier, garde au 73e bataillon.

Fontaine, architecte, capitaine au 73e bataillon, membre de l'*Internationale*.

N° 90.

12e ARRONDISSEMENT.

Candidats de la Fédération républicaine :

PHILIPPE, maire provisoire.

LONCLAS, chef de la 12e légion.

Les délégués,

Signé : E. VALARAND, FRANCONIE, MARTIN.

N° 91.

Comité électoral du 18e arrondissement, composé des membres du Comité de vigilance et des divers groupes républicains de l'arrondissement.

Au citoyen rédacteur en chef de l'AFFRANCHI.

CITOYEN,

Nous avons l'honneur de porter à votre connaissance que la liste arrêtée par les membres des divers comités, pour les élections communales du lundi 10 avril, se compose des citoyens A. RÉGNARD et JOSSELIN.

Salut et fraternité.

9 avril 1871.

BRIENS, B. KLEINMANN, NOIREAUT, COLLOT, Albert KLEINMANN, L. MOLLAT, M. LUPIN.

No 92.

Au rédacteur en chef du *BONNET ROUGE*.

Vendredi 14 avril 1871.

Cher citoyen,

Les membres composant le Comité républicain de vigilance du 18e arrondissement ont arrêté définitivement la liste des candidats révolutionnaires socialistes qu'ils proposent, pour les élections complémentaires à la Commune de Paris, aux élections de cet arrondissement :

Dr A. REGNARD, Victor JACLARD.

Veuillez en faire l'insertion, ainsi que celle des signatures des membres du Comité, dans le prochain numéro de votre journal.

Recevez les saluts fraternels de vos dévoués.

Les membres du Comité,

Lupin, Bras, Louis Moreau, T. Ferré, Reffi, Kleinmann, Decrou, Brière, Alb. Kleinmann, Danière, E. Burlot, Bavois, Ed. Bourdeille, Vivier, Sinoir, Desjardins, Sabourdy, H. Ferré, Benoit, Joffrin, Lemoussu, Diancourt, Pellard, Dargère, J. Arronsart, Noireaut, Collot.

N° 93.

CANDIDATS :

G. CLUSERET, délégué à la guerre.

GEORGES ARNOLD, du Comité central.

Au moment de compléter la Commune, nous croyons de notre devoir d'appeler l'attention de nos concitoyens sur les noms des citoyens CLUSERET et ARNOLD, dignes tous deux de figurer au premier rang de nos franchises municipales. Tous deux sont connus : l'un comme militaire, républicain ; l'autre comme un des fondateurs du Comité central, qui a rendu tant de services à la cause démocratique.

Citoyens, nommons CLUSERET et ARNOLD!

Réunion le 14 et le 15, à huit heures du soir, salle de l'Élysée-Montmartre et salle Perrot, Grand'Rue de La Chapelle, 5.

Les citoyens CLUSERET et ARNOLD seront présents aux séances.

Fusion du Comité de la 18e légion, du Comité d'initiative de La Chapelle et d'un groupe de citoyens du 18e arrondissement.

MOUROT, JUGE, POUPARDIN, BONY, CACHANONY, MEYER, PAGE, BASSET, KIEFFER, Charles THIÉRY, PRENANT, Hippolyte BAIRE, NICOLLE, TOURNEMOLLE, LECKQUIL, MÉTRAL, Nicolas DAIRE, ZETTAIR, DENGER, BONNEFOY, DUPONT, VAN-HOORDE, DONAT, BORDAISE, HUSSON.

N° 94.

COMITÉ DE VIGILANCE

Du 19e Arrondissement

(Salle de la *Marseillaise*).

Considérant les services rendus à la patrie et à la démocratie universelle ;

Le Comité de vigilance du 19e arrondissement adopte pour son candidat conseiller à la Commune de Paris :

Le citoyen MENOTTI GARIBALDI.

Pour les membres du Comité du 19e arrondissement :
JEAN-PIERRE, Jules THOMAS, PILLIOUD.

N° 95.

CITOYEN RÉDACTEUR,

Le Comité électoral radical et les gardes nationaux fédérés du 1er arrondissement ont arrêté la liste suivante pour les élections communales :

GRANDJEAN, commandant du 196e.
PILLOT, Dr.
VÉSINIER, publiciste.
JOLY (Michel), comptable.

La réunion de nos deux comités formant le groupe le

plus considérable du 1er arrondissement, et travaillant au même but que vous, nous espérons, citoyen rédacteur, que vous voudrez bien publier notre liste en tête de votre journal.

Salut et fraternité.

Pour le comité :

AVRIL.

Paris, 9 avril 1871.

N° 96.

Paris, 8 avril 1871.

CITOYEN RÉDACTEUR,

Le comité de vigilance du 9e arrondissement, en séance de ce jour, adhère à l'opinion émise par le comité du 12e, publiée dans le *Cri du Peuple* le vendredi 7 avril.

La démission des citoyens Ranc et Parent ayant nécessité une modification, le comité arrête la liste suivante :

BRIOSNE, COMBAULT (de l'Internationale), GROMIER, PONTALIER (de l'Internationale), MICHOU (de l'Internationale).

N° 97.

ÉLECTIONS COMMUNALES
DU 9e ARRONDISSEMENT.

Considérant que MM. Desmarets, Ferry, Nast et André, lors des élections du 26 mars, ont adjuré tous leurs concitoyens de se rendre au scrutin et ont ensuite donné leur démission;

Considérant que MM. Ranc et Ulysse Parent, après les élections précitées, ont aussi donné leur démission;

Considérant que MM. Dupont de Bussac, Henri Rochefort, Avenel et Semerie, qui s'étaient présentés aux suffrages électoraux du 26 mars, ont déclaré ne point accepter de candidature pour les élections complémentaires du 10 avril,

Les soussignés arrêtent qu'ils établissent ainsi leur liste pour les élections de dimanche prochain, *dans le 9e arrondissement:*

MILLIÈRE, député démissionnaire, 37, rue des Martyrs.
BRIOSNE, du comité central des vingt arrondissements.
VAUTHIER, ancien représentant du peuple, 11, rue Saint-Lazare.
CHASSIN, directeur de la *Démocratie,* 39, rue Rochechouart.
PICCHIO, peintre, 21, rue Bréda.

Ont signé :

A. MONNANTEUIL, BRUNEREAU, CHEVALLIER, GROMIER, LÉCHELLE, BAEHR, CHEVAUDEMANN, MARIN, POULY,

Lavrilut, Lavalette, L. Bénazet, Damblentz, A. Marx, Maurel, Maraval, Gauthier, Lesieur, Bergeret, André, Laroudé, Perron, Thiolat, Thomas, E. Girardin, Weber, Tixiron, Runtiez, Challemet, A. Falle fils, Prudhon, Liébaut, Ch. Poitrine, L. Labelle, G. Aymard, Meslier, F. Dochez, Schreiber, Day, Flandin, Strinel, Duhamel, F. Courandeau, Michel, E. Couroux, F. François, Bruton, Ragaru, L. Provencel.

N° 98.

COMITÉ DE VIGILANCE DU IXe ARRONDISSEMENT

CANDIDATS A LA COMMUNE

Patronés par le Comité des vingt arrondissements.

ÉLECTIONS COMPLÉMENTAIRES.

BRIOSNE.
COMBAULT, de l'Internationale.
CHASSIN.
PORTALIER, de l'Internationale.
MICHON, id.

N° 99.

Plusieurs groupes d'électeurs du 13e arrondissement présentent le citoyen Édouard Roullier comme candidat à la Commune dans les élections prochaines.

Connu depuis longtemps dans tous les clubs de Paris pour ses opinions socialistes, il représentera parfaitement les intérêts du travailleur contre le capital.

Connu par son active coopération à la révolution du 18 mars, il ne cédera rien des droits de la Commune.

(Note publiée par la *Sociale,* du 16 avril.)

N° 100.

LISTE DU COMITÉ CENTRAL DES VINGT ARRONDISSEMENTS.

1er arrond. **Cluseret, Andrieux, Vésinier, Bastelica.**
2e — **J. Durand, E. Pottier, G. Duchêne, Sérailler.**
3e — **E. Chatelain.**
6e — **Lacord, A. Lévy, A. Lallement.**
7e — **Gentilini.**
8e — **A. Humbert.**
9e — **Briosne, Gaillard** père, **Renaux, Rogeard, Courbet.**
12e — **Barthélemy, Chalvet.**
13e — **Toussaint.**
16e — **Longuet, Napias-Piquet.**
17e — **Dupont, Calmels.**
18e — **Dupas, P. Denis.**
19e — **Camélinat.**
20e — **Ch. Dumont.**

N° 101.

CITOYENS,

J'accepte ma candidature, non par ambition, mais par devoir.

Ma profession de foi, la voici :

Devant le danger, je ne démissionnerai pas. J'ai la foi, la conviction.

Je répéterai les paroles de Mirabeau :

« Nous sommes ici par la volonté du peuple ; nous n'en sortirons que par la force des baïonnettes. »

Pas de défaillance, et surtout plus de lâcheté, car quand le canon gronde, on doit être administrateur et soldat.

Salut et fraternité.

Le capitaine d'infanterie, délégué,
A. PIERRE.

N° 102.

L'Infanterie de ligne à la population de Paris.

CITOYENS,

Un conseil de guerre siégeant à Versailles vient de condamner à la peine de mort les officiers et sous-officiers de l'armée qui ont refusé de faire feu sur le peuple.

Aux habitants de nous juger, et si nous sommes coupables, nos poitrines sont là pour répondre. Nous ne tomberons pas en lâches.

Le capitaine d'infanterie, délégué,
A. PIERRE.

BONAVENTURE, *capitaine ;* PHILIPPOT, *sergent.*

N° 103.

AUX ÉLECTEURS

DU 20e ARRONDISSEMENT

Commune de Paris, ce 18 germinal, an 79 de la République une et indivisible.

CITOYENS,

L'armée de Versailles resserre ses lignes et menace Paris d'un second investissement. Le canon gronde à vos portes, et vous manquez de chefs !

Ayant passé ma vie à étudier l'art de la guerre, j'ai cru devoir inviter la Commune à m'appeler à sa barre pour lui soumettre d'importants avis militaires. Ma voix n'a pas été entendue : les conseils d'un républicain éprouvé par l'étude et par la lutte ont été dédaignés.

En sollicitant vos suffrages, je viens vous offrir ma tête et mon bras, et vous demander le mandat impératif d'aller défendre notre sainte cause par le conseil et par l'épée.

Charles LULLIER.

N° 104.

AUX ÉLECTEURS DU 9e ARRONDISSEMENT

Je me présente à vos suffrages.

Républicain, démocrate, socialiste, mon dévoûment est acquis à la révolution du 18 mars, qui a donné la Commune à Paris, et qui la donnera, j'espère, à toute la France.

Quand le peuple demande ses libertés communales, il n'ignore point que les franchises municipales, qu'il a possédées jusqu'ici, n'étaient qu'un leurre, ces franchises n'existant que de nom et non de fait.

En effet, une commune de France ne peut à l'heure présente assembler son Conseil municipal, délibérer sur des questions purement locales, sans avoir préalablement l'autorisation préfectorale, sous peine de voir ses décisions entachées de nullité.

Les communes relevant de l'autorité préfectorale, c'est la centralisation.

Les communes libres de toutes entraves, c'est la décentralisation;

C'est-à-dire liberté absolue d'administration, ce pourquoi nous combattons, ce que nous voulons obtenir, et ce à quoi j'emploierai toutes mes forces.

Est-ce à dire que je veuille le démembrement de notre pays ? Non.

L'administration d'une nation peut et doit être indépendante de sa politique, quand cette nation est une république.

Nos communes auront des représentants chargés de défendre les intérêts généraux et maintenir l'unité politique: tel sera leur rôle.

Donc: **Décentralisation administrative!**

UNITÉ POLITIQUE!

La situation faite à la Commune de Paris est anormale. Si la Commune de Paris est gouvernementale, elle ne l'est que pour Paris seulement. Elle ne dicte point des lois à la province; elle s'administre elle-même, séparément, et sans dépendre d'un gouvernement.

Le jour où les misérables de Versailles seront dispersés et vaincus, la France entière jouira, comme Paris, des mêmes libertés, des m^mes droits.

Une Chambre conventionnelle et non constituante — nous en avons assez des constitutions, et nous savons tout le mal qu'elles nous ont fait — s'occupera des lois générales concernant notre unité politique. Elle sera gouvernement politique seulement, et ne touchera aux questions administratives qu'en ce qui concerne les intérêts départementaux généraux.

Tel est mon programme.

VIVE LA RÉPUBLIQUE DÉMOCRATIQUE ET SOCIALE!

LUCIEN RABUEL.

N° 105.

ÉLECTIONS DU 20e ARRONDISSEMENT

CITOYENS,

Vous avez toujours montré, par votre patriotisme et votre intelligence, l'inutilité d'être guidés dans vos choix aux différentes élections que vous avez eues depuis 1848.

Sous la République, plus que sous la Monarchie encore, il ne doit pas y avoir de pression ni de candidatures officielles.

Je me présente à vos suffrages comme *membre de la Commune de Paris.*

Je ne fais partie d'aucun comité, d'aucun club ou autres réunions patronales.

Mais en présence des démissions, des défaillances et du danger, il est du devoir de l'homme ferme et convaincu d'accepter la rude tâche de sauver la République et d'affirmer la révolution sociale.

Vive la République démocratique et sociale universelle !

MAURICE BORDOT,
Typographe,
Membre de l'Internationale (Cercle des études sociales),
11, rue Saint-Blaise (Charonne).

N° 106.

On me demande une profession de foi.

Après trente ans de vie publique, révolutionnaire, socialiste, je n'ai donc pas su faire comprendre mes idées ?

Cependant, je me soumets à cette exigence, le langage de la peinture n'étant pas familier à tout le monde.

Je me suis constamment occupé de la question sociale e des philosophies qui s'y rattachent, marchant dans ma voie parallèlement à mon camarade Proudhon.

Pendant l'idéal faux et conventionnel, en 1848, j'arborai le drapeau du réalisme, qui seul met l'art au service de l'homme.

C'est pour cela que logiquement j'ai lutté contre toutes les formes de gouvernement autoritaire et de droit divin, voulant que l'homme se gouverne lui-même selon ses besoins, à son profit direct et suivant sa conception propre.

En 48, j'ouvris un club socialiste en opposition aux clubs jacobins, montagnards et autres, que j'ai qualifiés de « républicains sans nature propre, » de républicains historiques.

La République une, indivisible, autoritaire, fit peur ; le socialisme n'étant pas élaboré suffisamment, fut rejeté, et la réaction de 49 l'emporta au profit, « plus tard, » d'un régime monstrueux.

Retranché dans mon individualisme, je luttai sans relâche contre le gouvernement d'alors, non seulement sans le redouter, mais encore en le provoquant.

Pour me résumer en deux mots, tout en tenant compte

des Républiques américaine et suisse et de leur organisation, considérons la nôtre comme née d'hier.

Nous avons le champ libre aujourd'hui. Par conséquent, abandonnons les vengeances, les représailles, les violences; établissons à nouveau un ordre de choses qui nous appartienne et qui ne relève que de nous.

Je suis heureux de vous dire que les peintres, à mon instigation, viennent de prendre l'initiative dans cet ordre d'idées.

Que tous les corps d'état de la société suivent leur exemple, et à l'avenir aucun gouvernement ne pourra prévaloir sur le nôtre.

Les associations s'appartenant et constituées selon leurs intérêts propres seront nos « cantons » à nous, et plus elles se gouverneront elles-mêmes, plus elles allégeront la tâche de la Commune.

La Commune alors n'aura plus à s'occuper que de ses intérêts généraux et de ses relations avec le reste de la France.

Par le fait, la Commune actuelle devient le conseil fédéral des associations.

Je profite de cette occasion pour remercier les électeurs des sympathies qu'ils m'ont manifestées dans les deux dernières élections.

G. COURBET.

N° 107.

RÉPUBLIQUE FRANÇAISE

Liberté, Égalité, Fraternité.

TROISIÈME ARRONDISSEMENT

ÉLECTION A LA COMMUNE

Du dimanche 16 avril 1871.

CITOYENS,

Voulez-vous repousser l'agression féodale de Versailles?

Voulez-vous empêcher que les chouans, les ventrus orléanistes et les hommes de décembre conjurés ne réalisent leurs projets infâmes?

Voulez-vous, par quelques jours d'énergique patience, assurer la paix et la sécurité de la cité?

Voulez-vous que vos enfants ne soient plus périodiquement mis en coupe réglée pour satisfaire la folie furieuse et l'ambition de quelques monstres couronnés?

Voulez-vous la mise en accusation des traîtres et des assassins à graines d'épinards qui sont à Versailles et qui ne combattent la Commune que parce qu'ils savent que cette Commune abolira les armées permanentes, et, par conséquent, supprimera les gros traitements?

Voulez-vous que le travail reprenne calme et heureux, à l'abri des franchises communales de la ville de Paris?

Voulez-vous, bourgeois et ouvriers, que vos enfants ne souffrent pas ce que vous avez souffert de honte et de servitude ?

Voulez-vous enfin le maintien de la République, des principes de 89 et des conquêtes morales de 92 et 93, la libre et calme solution des questions sociales, l'instruction pour tous ?

Voulez-vous, en un mot, que Paris, insulté par les vieilleries rurales de Versailles, reprenne son rang et montre à l'Europe que si Paris n'a pas vaincu l'étranger, c'est qu'il était vendu par des bandits titrés, mitrés et décorés ?

Si vous voulez être représentés par des hommes énergiques, ne reculant devant aucun sacrifice, même celui de leur vie, pour défendre vos libertés et assurer votre droit communal,

Je suis un de ces hommes.

J'ai échappé aux fusillades réactionnaires de Marseille.

Ma vie appartient à Paris.

B. LANDECK .·.

Délégué du Comité central près la ville de Marseille.

N° 108.

Citoyens de Montmartre,

Il est des heures dans la vie où l'homme de cœur ne doit pas marchander à la République son bras, sa plume ou sa parole. Je dirai même plus : il est de son devoir de se jeter au milieu du danger, au mépris de sa vie, car la cohésion des cœurs et du dévoûment forme un bouclier inattaquable.

Citoyens, c'est avec la ferme et inébranlable volonté de remplir, jusqu'à la mort, le mandat que vous êtes libre de me conférer, que je pose ma candidature pour les élections complémentaires de la Commune dans le 18e arrondissement.

Depuis longtemps déjà je n'ai jamais cessé, soit par la plume, soit par la parole, de lutter énergiquement pour la revendication des droits de l'homme. J'ai toujours combattu à outrance le despotisme outrageant du Bonaparte, — ce qui m'a valu amendes et prison. Je le combattrai encore, ce despotisme, sous quelque forme qu'il se présentera.

Je veux la révolution sociale, et je veux lutter pour les MAIGRES contre les GRAS, car il faut que les sueurs du peuple profitent désormais au peuple.

Ennemi implacable des priviléges et des castes, j'appliquerai toutes mes forces à la propagation de l'instruction gratuite et obligatoire, ainsi qu'à la solution des questions sociales !

Il est temps que les masses s'instruisent, et que le prolétaire — ainsi nommé par les despotes — brise cette tunique de Nessus que l'on nomme ignorance!

Voilà en quelques mots, citoyens, mon programme révolutionnaire.

Vive la République démocratique et sociale!

Vive la Commune!

SECONDIGNÉ.

N° 109.

RÉPUBLIQUE FRANÇAISE

Liberté, Égalité, Fraternité.

ÉLECTION A LA COMMUNE

Aux Citoyens du 6e Arrondissement.

CITOYENS,

Une délégation de gardes nationaux m'a offert une candidature dans le 6e arrondissement. Je l'ai acceptée. Mais avant de me soumettre à vos suffrages, je dois vous déclarer mon opinion sur la situation de Paris.

Je pense qu'il ne faut pas fermer la porte à toute conciliation; mais s'il y a des pourparlers, il ne faut pas non plus cesser de s'organiser militairement; si Versailles reconnaît l'intégralité des droits de Paris, arrêtons l'effusion de sang.

Mais si Versailles veut quand même la continuation de cette malheureuse guerre, alors il faut la faire avec vigueur, et ne rien épargner pour imposer par la force des armes la paix que nous n'aurons pu obtenir par la conciliation.

Si vous me nommez, citoyens, je tiendrai haut et ferme le drapeau de la Commune, et soit dans la discussion de vos droits, soit dans la lutte sur le champ de bataille, je consacrerai mon intelligence et mon énergie à le faire respecter.

PIAZZA,
Commandant du 85e bataillon.

N° 110.

COMMUNE DE PARIS

ÉLECTIONS DU 16 AVRIL 1871

La commission nommée pour la validation des élections du 16 avril avait déposé le rapport suivant :

Considérant que dans certains arrondissements, un grand nombre d'électeurs se sont soustraits par la fuite à leur devoir de citoyens et de soldats, et que dans les graves circonstances que nous traversons, nous ne saurions tenir compte pour la validité des élections du nombre des électeurs inscrits, nous déclarons qu'il est du devoir de la Commune de valider toutes élections ayant obtenu la majorité absolue sur le nombre des votants.

En conséquence, ont obtenu la majorité absolue sur le nombre des votants :

Premier arrondissement.

Quatre conseillers à élire. — Votants : 3,271, dont la moitié plus 1 est 1,636.

Sont élus les citoyens :

Vésinier	2,626
Cluseret	1,968
Pillot	1,748
Andrieu	1,736

Deuxième arrondissement.

Quatre conseillers à élire. — Votants: 3,601, dont la moitié plus 1 est 1,801.

Pothier	3,352
Serrailler	3,141
Durand	2,874
Johannard	2,804

Troisième arrondissement.

Pas d'élus.

Sixième arrondissement.

Trois conseillers à élire. — Votants : 3,469, dont la moitié plus 1 est 1,735.

Courbet	2,418
Rogeard	2,292

Septième arrondissement.

Un conseiller à élire. — Votants : 1,939, dont la moitié plus 1 est 970.

SICARD........................ 1,699

Huitième arrondissement.

Pas d'élus.

Neuvième arrondissement.

Cinq conseillers à élire. — Votants : 3,176, dont la moitié plus 1 est 1,589.

BRIOSNE........................ 2,456

Douzième arrondissement.

Deux conseillers à élire. — Votants : 5,423, dont la moitié plus 1 est 2,762.

PHILIPPE........................ 3,483
LONCLAS........................ 2,810

Treizième arrondissement.

Pas d'élus.

Seizième arrondissement.

Deux conseillers à élire. — Votants : 1,590, dont la moitié plus 1 est 796.

LONGUET........................ 1,058

Dix-septième arrondissement.

Deux conseillers à élire. — Votants : 4,848, dont la moitié plus 1 est 2,425.

DUPONT........................ 3,450

Dix-huitième arrondissement.

Deux conseillers à élire. — Votants : 10,068, dont la moitié plus 1 est 5,035.

CLUSERET	8,480
ARNOLD	5,402

Dix-neuvième arrondissement.

Un conseiller à élire. — Votants : 7,090, dont la moitié plus 1 est 3,546.

MENOTTI GARIBALDI	6,076

Vingtième arrondissement.

Deux conseillers à élire. — Votants : 9,204, dont la moitié plus 1 est 4,603.

VIARD	6,968
TRINQUET	6,777

Les conclusions du rapport sont adoptées par la Commune à la majorité des voix : 26 *pour*, 13 *contre*.

Ont voté POUR :

Les citoyens : J. ALLIX, AMOUROUX, A. ARNAUD, BABICK, BILLIORAY, BLANCHET, CHAMPY, E. CLÉMENT, DELESCLUZE, DEMAY, DEREURE, FRANKEL, GAMBON, P. GROUSSET, JOURDE, LEDROIT, MARTELET, MALON, MELLIET, PROTOT, RANVIER, RÉGÈRE, RIGAULT, URBAIN, VAILLANT, VARLIN.

Ont voté CONTRE :

Les citoyens : A. ARNOULD, AVRIAL, BESLAY, CLÉMENCE, V. CLÉMENT, GÉRESME, LANGEVIN, LEFRANÇAIS, MIOT, RASTOUL, VALLÈS, VERDURE, VERMOREL.

Les secrétaires de la séance :
ANT. ARNAUD, AMOUROUX.

N° 111.

1er *arrondissement*. — GRANDJEAN, 1,165. — BASTELIER, 1,112. — JOLY (Michel), 1,072. — CONSIDÉRANT, 323.

2e *arrondissement*. — DUCHÊNE (G.), 241. — DUFFAUT, 231. — LOCKROY, 200. — LOISEAU-PINSON, 165. — BESLAY, 180.

3e *arrondissement*. — LANDECK, 2,613. — VIARD, 1,177.

6e *arrondissement*. — LACORD, 1,592. — A. LÉVY, 1,103. — LALLEMAND, 1,018. — PIAZZA, 415.

7e *arrondissement*. — GENTILINI, 144.

8e *arrondissement*. — MARGUERITE, 520. — ROSSEL, 82. — DOMBROWSKI, 65.

9e *arrondissement*. — CHASSIN, 1,480. — COMBAULT, 1,220. — PORTALIER, 1,076. — MICHON, 1,063. — RAZOUA, 972. — COURBET, 770. — RENAUX, 620. — GAILLARD père, 570. — ROGEARD, 547.

12e *arrondissement*. — BARTHÉLEMY, 462. — FONTAINE, 936. — HENRI, 654.

13e *arrondissement*. — POUILLIER, 1,000. — LUCIPIA, 780.

16e *arrondissement*. — DARNAL, 645. — NAPIAS-PIQUET, 424. — PIGAUL, 382. — LEVERDAYS, 252.

17e *arrondissement*. — COMBAULT, 1,776. — JACLARD, 1,180. — MARCEAU, 1,173. — BONHOMME, 1,048.

18e *arrondissement*. — DUPAS, 3,261. — JACLARD, 1,166. — RÉGNARD, 1,157.

19e *arrondissement*. — PASSEDOUET, 870.

20e *arrondissement*. — GAILLARD père, 703. — TAVERNIER, 1,327. — MALLET, 1,661.

(Le *Bonnet rouge*, 19 avril. — La *Montagne*, 17 avril.)

N° 112.

			26 MARS.	16 AVRIL.
			—	—
1er *arrondissement.*		Inscrits	22,060	»
		Votants	11,056	3,271
2e	—	Inscrits	22,858	»
		Votants	11,143	3,601
3e	—	Inscrits	28,138	»
		Votants	9,000	5,017
6e	—	Inscrits	24,807	»
		Votants	9,499	3,469
7e	—	Inscrits	22,092	»
		Votants	5,065	1,939
8e	—	Inscrits	17,825	»
		Votants	4,396	1,130
9e	—	Inscrits	26,608	»
		Votants	10,340	3,176
12e	—	Inscrits	19,990	»
		Votants	11,329	5,423
16e	—	Inscrits	10,731	»
		Votants	3,732	1,590
17e	—	Inscrits	26,574	»
		Votants	11,394	4,848
18e	—	Inscrits	32,962	»
		Votants	17,443	10,068
19e	—	Inscrits	28,270	»
		Votants	11,282	7,053
20e	—	Inscrits	28,270	»
		Votants	16,792	9,173

N° 113.

Au citoyen Félix PYAT.

Cher citoyen,

Nos élections du 6e arrondissement sont nulles, et bien d'autres avec elles; je considère donc la mienne comme non avenue, et je demande le *second tour;* et je dois vous en informer et, par vous, la Commune, pour éviter tout tiraillement. Je crains que la Commune, s'en tenant à sa précédente mesure, ne passe outre, comme l'autre fois, sans avoir la même excuse, l'urgence.

J'ai donc l'honneur de vous communiquer le projet de déclaration suivant, que je me propose de présenter à la signature des candidats qui se trouvent dans la même situation que moi.

J'ai le plus grand désir de ne rien faire que d'accord avec eux et avec la Commune, qui a là une belle occasion de donner à Versailles une petite leçon de légalité.

Si, par malheur, elle nous valide, je persisterai, avec douleur, à m'invalider moi-même.

Salut et fraternité.

A. Rogeard.

PROJET DE DÉCLARATION

Considérant :

Que, d'une part, l'état de la population, devenu anormal par l'émigration, permet de réduire *le minimum de voix* fixé pour l'état normal;

Qu'on peut ainsi, en violant la lettre de la loi, rester fidèle à son esprit;

Qu'un précédent existe ;

Que ce précédent a été sanctionné par un décret que justifiaient alors l'urgence de la situation et la nécessité de constituer, sans retard, l'unique pouvoir de la cité menacée ;

Que d'autre part, néanmoins, l'urgence ayant disparu, il importe de revenir à la stricte et régulière application de la loi existante, en ce qui concerne le *minimum de voix*, qu'elle fixe au huitième des inscrits ;

Que la République et la Commune sont intéressées à l'affirmation et à la rigoureuse observation du principe électif, qui est leur principe et celui de la dernière Révolution;

Que conformément à ce principe, le droit de convocation appartient au corps électoral, et non à l'exécutif;

Que, par conséquent, les électeurs ont toujours le droit de se convoquer eux-mêmes, en vertu de la permanence de la souveraineté électorale ;

Les soussignés, candidats aux élections communales du 16 avril 1871, dans les 6e (etc.) arrondissements, n'ayant obtenu qu'un nombre de voix inférieur au *minimum légal* (huitième des inscrits), déclarent être d'avis qu'on doit procéder à un second tour de scrutin dans lesdits arrondissements ;

Et jusqu'à ce que le suffrage ait statué, ils se considèrent comme non élus, et le vote du 16 avril comme non avenu ;

Et ne se reconnaissent pas le droit d'assister aux séances de la Commune.

A. ROGEARD.

N° 114.

Au citoyen Président de la Commune de Paris.

Paris, 20 avril 1871.

CITOYEN PRÉSIDENT,

Si je n'avais été retenu au ministère de la guerre le jour où la question des élections a été tranchée, j'aurais voté avec la minorité de la Commune.

Je crois que la majorité, cette fois, s'est trompée.

Je doute qu'elle veuille revenir sur son erreur. Mais je crois que les élus n'ont pas le droit de remplacer les électeurs. Je crois que les mandataires ne doivent pas se substituer au souverain. Je crois que la Commune ne peut créer aucun de ses membres, ni les faire, ni les parfaire ; qu'ainsi elle ne peut de son chef fournir l'appoint qui leur manque pour leur nomination légale.

Je crois enfin, puisque la guerre a changé la population, qu'il était juste de changer la loi plutôt que de la violer. Née du vote, en se complétant sans lui, la Commune se suicide. Je ne veux pas être complice de la faute.

Je suis convaincu de ces vérités au point que si la Commune persiste dans ce que j'appelle une usurpation de pouvoir électif, je ne pourrai concilier le respect dû au vote de la majorité avec celui dû à ma conscience ; et alors, je serai forcé, à mon grand regret, de donner, avant la victoire, ma démission de membre de la Commune.

Salut et fraternité.

FÉLIX PYAT.

No 115.

RÉPONSE DU 10e ARRONDISSEMENT.

Paris, le 24 avril 1871.

CITOYEN FÉLIX PYAT,

Les délégués des électeurs de la 10e légion *sont d'accord avec vous sur le principe des élections.*

Cependant, nous vous sommons, comme notre mandataire, d'avoir à reprendre votre place à la Commune, car vous êtes soldat, et vous devez rester sur la brèche jusqu'à la fin du combat du passé contre l'avenir.

Nous avons foi en vous; justifiez-la.

Salut fraternel.

Pour le comité de la 10e légion :
Le président, LEROUDIER.

N° 116.

Au citoyen Félix PYAT, *membre de la Commune, élu du 10e Arrondissement.*

Citoyen,

Dans votre lettre du 20 avril, adressée au président de la Commune, vous dites que si la Commune persistait dans une usurpation de pouvoir électif, vous vous verriez forcé de donner votre démission.

Permettez-nous de vous dire qu'en votant avec la minorité contre la validation des dernières élections, vous n'auriez fait que votre devoir. Mais vous ne devez pas vous retirer de la Commune parce que vous n'êtes pas d'accord avec la majorité.

C'est nous, vos électeurs, qui avons seuls le droit de sanctionner votre conduite et de vous révoquer, si vos votes cessaient d'être conformes en tout point avec l'opinion de vos mandants.

Combattez l'arbitraire et la tyrannie, mais ne vous retirez pas; nous nous opposons formellement à votre retraite.

Fais ton devoir, advienne que pourra.

Salut fraternel.

Un groupe d'électeurs :

J. Chatelain, Masson, Merlet, Pascal, Caillou, A. Durand, Legros, Gérand, Clair, Th. Fortune, J.-B.

CAZENAVE, BASSÉE, DUKANYN, CHARPENTIER, ROSSIN, GÉRARDIN, GAVENUE, G. NOEL, CHOPARD, PALLO, Jules PARENT, MÉROVET, LEVASSEUR, A. COPIN, GAILLARD, THIBAUT, A. CERRUSSE.

N° 117.

Au citoyen Président de la Commune de Paris.

CITOYEN PRÉSIDENT,

La mesure qui modifie la loi de 1849, pour valider les élections du 16 avril, ayant, à mes yeux, au moins le double tort d'être tardive et rétroactive, j'ai l'honneur de vous informer que je n'accepte pas, en ce qui me concerne, la validation extra-légale résolue par la Commune, et que je considère comme nulle et non avenue ma prétendue élection dans le 6e arrondissement.

Salut et fraternité.

A. ROGEARD.

N° 118.

AU CITOYEN PRÉSIDENT DE LA COMMUNE DE PARIS.

Citoyen Président,

La Commune vient de valider mon élection, sans tenir compte de l'insuffisance des votes acquis, qui sont au-dessous du huitième des électeurs inscrits.

Le motif invoqué est la situation créée à l'arrondissement par le départ d'une partie de la population.

Ce motif est juste. Invoqué avant l'élection, il eût justifié une modification des conditions de la validité.

Invoqué après, il peut bien permettre à la Commune de m'accepter ; mais cette décision ne peut pas faire que je sois élu, alors que véritablement je ne le suis pas.

Malgré mon vif désir de siéger sur les bancs de la Commune, pour être l'égal de mes collègues, je suis obligé de n'y siéger qu'aux conditions qui les y ont fait admettre eux-mêmes, c'est-à-dire d'être réellement élu par mes électeurs, conformément aux conditions imposées préalablement pour la validité de l'élection.

Avant de me rendre à l'Hôtel-de-Ville, je me soumettrai, comme les candidats qui n'ont pas été validés, à une réélection, aux conditions nouvelles qui auront été arrêtées.

Salut et égalité.

BRIOSNE, 216, rue Saint-Maur.

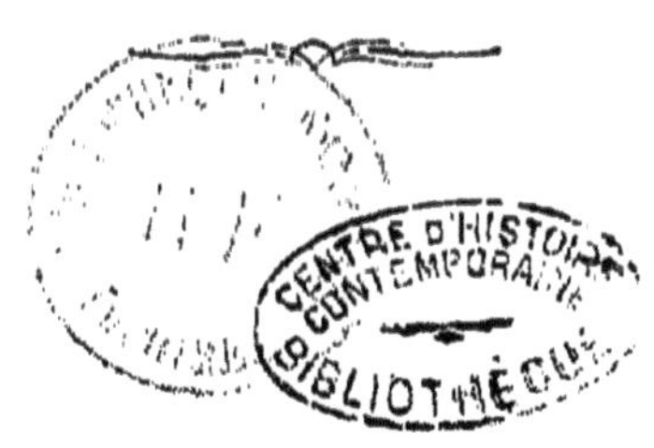

TABLE ALPHABÉTIQUE

DES PERSONNES

CITÉES DANS LE PRÉSENT VOLUME (1).

(1) Les pièces que nous avons entre les mains ont été reproduites ici intégralement, c'est-à-dire avec les noms propres souvent mal orthographiés.... Une affiche est signée Serailler ou Serrailler, Aconin ou Acanin, etc. L'absence d'initiales peut aussi devenir une cause d'erreurs contre lesquelles nous ne saurions trop mettre en garde le lecteur et surtout l'historien pour lequel nous avons réuni ces matériaux. Aussi croyons-nous devoir signaler à l'attention du public les noms suivants : Alix et Allix, Andrieu et Andrieux, Barou et Barroud, Bellaigues et Bellaiguie, Bestetti et Betesti, Brelay et Breslay, Boussot et Roussot, Chanteau et Chouteau, Decamp et Descamps, Fruneau et Pruneau, Ledroit, Ledrier et Ledroy, Michon et Michou, Pigaul et Pigault, Pontalier et Portalier, Rochard et Rochart, Sartory et

Satory, Serailler et Serrailler, qui, bien qu'orthographiés différemment, appartiennent d'une manière évidente au même individu.

D'autres noms nous paraissent rentrer dans cette catégorie, bien que nous ne puissions appuyer notre opinion sur autre chose qu'une certaine similitude typographique et sur notre connaissance des *coquilles* les plus habituelles..... Nous signalerons donc encore : Baehr et Baire, Bastelier et Bastelica, Bonni et Bony, Brière et Briens, Callou et Calon, Cavol et Cayol, Cacheux et Cachent, Day et Davy, Lallemand et Lallement.....

Il y a aussi un A. Breuillé et un F. Breuillé, un J. Chatelain et un E. Chatelain, un G. Duchène et un A. Duchêne, un F. Ferré et un T. Ferré, deux Levraud, deux Regnier, ainsi qu'une grande quantité de Clément, de Dumont, de Dupont, de Durand, de Martin, de Moreau, de Murat sur lesquels nous sommes loins d'être édifiés....

Ceci dit... que le lecteur nous pardonne nos erreurs, car, vrai, nous n'avons pu mieux faire.

F. M.

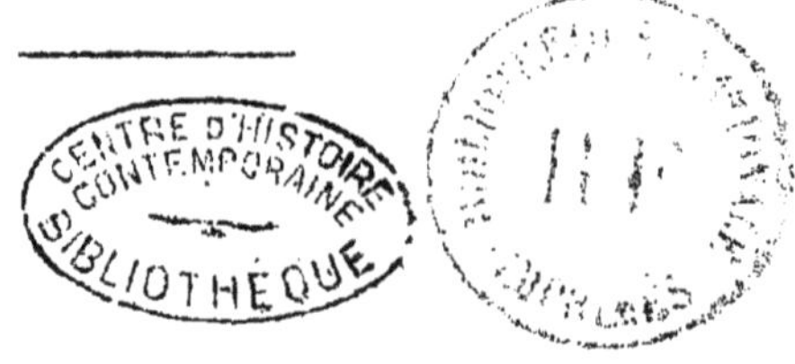

EN VENTE A LA MÊME LIBRAIRIE

ACTUALITÉS 1871—1872

En Ballon! Pendant le siége de Paris, souvenirs d'un aéronaute, par GASTON TISSANDIER. 1 vol. grand in-18 jésus. . . . . 3 fr.

La Terreur et l'Église en 1871. Récits historiques par l'abbé DELMAS, vicaire à Saint-Ambroise, l'un des ôtages de la commune. 1 vol. grand in-18, *avec autographe*. 2 fr.

Les caravanes d'un chirurgien d'ambulances pendant le siége de Paris et sous la Commune, par le Dr JOULIN. 1 vol. in-18 jésus. 2 fr.

Campagne de l'armée du nord en 1870-1871, par le général FAIDHERBE. 1 vol. grand in-8° avec carte. . . . . 2 fr.

Deuxième armée de la Loire. Opérations de la division de l'armée de Bretagne, par le général GOUGEARD. 1 vol. grand in-8°. . . . 2 fr.

Histoire intime de la Révolution du 18 mars. Comité central et Commune, par PHILIBERT AUDEBRAND. 1 vol. grand in-18 jésus. 3 fr.

Histoire critique du siége de Paris, par un OFFICIER DE MARINE ayant pris part au siége. 1 fort vol. gr. in-18, avec une *carte*. . . . 3 fr. 50

Histoire de la campagne de 1870-1871 et de la deuxième ambulance dite de la Presse française, par EMMANUEL DOMMENECH. 1 vol. grand in-18. . . . . 3 fr. 50

L'Art de combattre l'armée française, par le prince *Frédéric-Charles* de Prusse, traduit par W. REYMOND. Broch. in-18. . . . . 1 fr.

La Journée de Sedan, par le général DUCROT. 1 volume grand in-8° avec cartes . . . . 3 fr.

Les Prussiens chez nous, par ED. FOURNIER. 1 fort vol. gr. in-18 3 fr. 50

Guide-Recueil de Paris brûlé. Récit des événements de mai 1871, notices historiques sur tous les monuments incendiés, plan de Paris colorié et 20 photographies avant et après l'incendie, par PIERRE PETIT. 1 vol. grand in-18 jésus. . . . . 5 fr.

Les Hommes de la Commune. Biographie complète de tous ses membres, par JULES CLÈRE. 4e édition, très-augmentée. 1 vol. in-18. . 2 fr.

Paris pendant le siége et les 65 jours de la Commune, par J. DALSÈME. 1 vol. grand in-18 jésus. . . . . 3 fr.

Paris sous la Commune, par EDOUARD MORIAC (18 mars au 28 mai), précédé des Commentaires d'un blessé, par HENRI DE PÈNE. 3e édition. 1 fort volume grand in-18 jésus. . . . . 3 fr.

Les Mystères de l'Internationale. Son origine, son but, ses chefs, ses moyens d'action, son rôle sous la Commune. 1 vol. in-18 jésus. 1 fr.

Histoire des nouveaux journaux publiés à Paris pendant le siége et sous la Commune, du 4 septembre 1870 au 28 mai 1871, par FIRMIN MAILLARD. 1 vol. gr. in-18. . . . . 3 fr.

La Légion d'honneur et la Commune, documents sur le séjour du général Eudes à la Légion d'honneur, publiés par GEORGES D'HEYLLI. 1 vol. grand in-18, avec une gravure. . . . . 1 fr.

Le Livre rouge de la Commune. Liste alphabétique de tous ses fonctionnaires, extraits de l'*Officiel*, publiée par GEORGES D'HEYLLI. 1 vol. grand in-18. . . . . 2 fr.

La Science pendant le siége de Paris, par SAINT-EDME, secrétaire du comité scientifique de la défense de Paris. 1 volume grand in-18 orné de figures dans le texte. . . . . 3 fr.

Trois mois de dictature en Province. — Le Gouvernement de la Défense nationale à Tours, par A. RIVIÈRE. 1 vol. in-18. . . . . . 2 fr.

Mobiles et Volontaires de la Seine pendant la guerre et les deux siéges, par ARTHUR DE GRANDEFFE. 1 vol. grand in-18. . . . . . . 3 fr.

L'Armée Allemande, son organisation, son armement, sa manière de combattre, par un GÉNÉRAL PRUSSIEN (*M. de Moltke*), traduit de l'allemand par MM. GUNSETT et P. DE BOUTEILLIER. 1 vol. grand in-18 . . . . 2 fr.

Paris. — Imprimerie de E. DONNAUD, rue Cassette, 9.

www.ingramcontent.com/pod-product-compliance
Ingram Content Group UK Ltd.
Pitfield, Milton Keynes, MK11 3LW, UK
UKHW021059230726
13926UKWH00004B/1938